내가
쓰이지 않은
세상에서

내가
쓰이지 않은
세상에서

소설가를 꿈꾸는
어느 작가의 고백

강주원 글

différance

❋ 여는 말

 위대한 서문을 읽는다. 동명의 선집에 실린, 그 자체로 작품인 머리말들을 감상한다. 감히 흉내는 그렇고 기운이라도 받아 볼까 싶어서다. 서문이 비대해지는 것은 처음의 욕망을 글로 구현해 내지 못해서라는데*, 다행이다. 이 프롤로그는 탈고 후에 오는 선언이다. 원래 욕망이 이만큼이었노라 말한다.

 버리지 못한 탐심을 제목 뒤에 감춘다. '쓰이지 않은'. 뒤집으면 아직 쓰이지 않았기에 쓸 거리가 많다는 뜻이기도 하다. 피농-능농, 부정-긍정, 그보다 중요한 것은 둘 사이를 오가는 우리의 몸짓이다. 쓰이지 않은 나는 나이면서 당신이다. 그러니까 앞으로 쓰고 또 쓰일 존재는. 읽기가 저물어 가는 시대에 쓰기의 자리를 묻는다. 찬란한 유성의 꼬리에 한 획을 보탠다. 그 빛과 궤적이 오래도록 살아 있기를 소망하며.

  책은 총 5부로 구성되어 있다. 1부는 처음으로 책을 내고 가게를 열었던 날들의 이력서다. 지은이가 궁금한 분은 이 부분을 빠르게 훑어도 좋겠다. 2부에는 글쓰기 단상 및 방법론을 담았다. 이 파트는 수다와 상담, 그리고 수업으로 함께해 준 나의 손님들에게 빚을 진다. 같이 썼다 해도 과언 아니다. 3부는 세태 비평으로, 텍스트 세계에 드리운 통념의 안개를 걷어 낸다. 혹시 내 안경에 문제가 있진 않을까 닦고 또 닦았는데, 안경 자체를 벗지는 못했음을 털어놓는다. 이어 4부가 기다린다. 여행과 산책, 친구와 가족 등이 키워드다. 빵과 커피도 마련했으니 느긋이 음미하시길. 마지막 5부에서는 글쓰기와 작가 되기를 논한다. 지금까지 경험과 성찰들의 총체다. 총체라고 하지만 빠진 부분도 있다. 그것이 바로,

  썼다가 지워야 했던 이야기들이다. 윤문이나 사실 확인에 따른 삭제만이 아니다. 어떤 글은 사라짐으로써 태어난다. 여백이 실체를 보여 준다. 땀에 번진 지우개 자국이 있

을지 모르겠다. 헤아려 읽어 주십사 욕심을 내어 본다. 이것은 당신의 눈길을 붙들었다는 사실만으로 위대해질 서문이다.

---

* 버크, 베카리아, 니체 외 27인, 장정일 엮음, 『위대한 서문』(열림원, 2017)

❋ 차례

여는 말 … 5

I 소설가는 나에게 포기하라고 말했다

- **01** ❋ 쓰기만 했었지 … 15
- **02** ❋ 어느 날 공모전을 … 18
- **03** ❋ 소설가는 나에게 포기하라고 말했다 … 21
- **04** ❋ 배워 봅시다, 소설 … 24
- **05** ❋ 자격과 자격지심 … 28
- **06** ❋ 그들은 모두 자가출판을 했습니다 … 31
- **07** ❋ 작가로 불리기 부끄러웠던 이유 … 35
- **08** ❋ 하루 벌이와 매일 쓰기 … 38
- **09** ❋ 서점이 서점이지, 뭐 … 42

10 * 선물 그리고 눈물 … 46

11 * 늦은 저녁의 상담소 … 50

12 * 링에 오르는 자세 … 55

13 * 사장실격 … 59

14 * 디어 마이 게스트 … 63

II 롸이트 클럽의 규칙은 다음과 같다

01 * 작가 같은 소리 하고 있네 … 69

02 * 글쓰기는 왜 글 쓰기가 아니고 글쓰기인가 … 72

03 * 행복을 묻다 … 76

04 * 고정관념의 함정 … 79

05 * 우는 책 … 82

06 * 롸이트 클럽의 규칙은 다음과 같다 … 85

07 * 습관, 들이기와 버리기 … 89

08 * 인간의 헛됨을 이해하려거든 … 94

09 * 말하는 대신 보여 줘라, 이렇게 … 98

10 * 글로 쓰면 알게 되는 것들 … 101

11 * 거짓의 진실 … 106

12 * 타인을 사랑하는 방식 … 111

13 * 인간의 본성을 알고자 하는 태도 … 116

Ⅲ 유토피아와 기이한 영토

01 * 천재지변이 일어나지 않는 한 이것을 해야 한다 … 123

02 * 낭만의 노래 … 127

03 * 유토피아와 기이한 영토 … 131

04 * 텍스트는 (왜) 힙한가 … 134

05 * 세상을 바꾸는 단어 … 138

06 * 낮춤말은 격을 낮추지 않는다 … 141

07 * 본질 타령의 본질 … 145

08 * 진짜 성공을 팔려면 … 150

09 * 콘텐츠의 시대 … 155

10 * 진부하지만 진리 … 158

11 * 모두까기인형과 프로추천러 … 160

12 * 문제는 밈이 아니다 … 165

13 * '뷰티풀 게임'을 향하여 … 169

Ⅳ 우린 둘 중 하나이거나 하나여야만 한다

01 * 없는 책방 … 179

02 * 인연의 실타래 … 183

03 * 산책로와 주차장 … 186

04 ✳ 커피는 어떻게 드릴까요? … 190

05 ✳ 크루아상 러브 … 193

06 ✳ 우린 둘 중 하나이거나 하나여야만 한다 … 196

07 ✳ 오늘은 뭘로 할까 … 200

08 ✳ 올드한 청춘 영화 … 204

09 ✳ 고양이의 이름으로 … 209

10 ✳ 이건 정말 브라우티건적이군요 … 213

11 ✳ 부모님의 여행 노트 … 221

V 당신의 실패를 삽니다

01 ✳ 어린 날의 끄적임 … 227

02 ✳ 세상 따분한 모노드라마 … 231

03 ✳ 당신의 실패를 삽니다 … 234

04 ✳ 인용, 빌리거나 훔치거나 … 239

05 ✳ 기대를 안 했다면 거짓말이다 … 243

06 ✳ 작가 소개를 다시 쓴다면 … 247

07 ✳ 단순한 연애 소설 … 250

08 ✳ 살구나무 아래서 … 253

09 ✳ 끝나지 않을 혁명 … 256

10 ✳ 구례에 달 가듯이 … 260

11 ✽ 이 말은 딱인 말인가 … 264

12 ✽ 떠나간 책의 이름 … 267

13 ✽ 장벽에 갇히다 … 271

14 ✽ 브랜딩과 글쓰기 … 276

15 ✽ AI 시대의 쓰기 … 280

16 ✽ 모두가 예술가로 태어난다, 하지만 … 288

닫는—아니, 다시 여는 글 … 292

I

소설가는
나에게 포기하라고
말했다

01

쓰기만
했었지

 나는 내가 지금과 같은 일을 하고 살 줄은 상상 못 했다. 그런 건 하는 사람이 따로 있는 줄로만 알았다. 여기서 '그런 거'란 두 가지를 뜻하는데 첫째 문학예술이요, 둘째 자영업이다. 그러니까 책을 쓰는 작가이자 파는 사장이란 얘기.

 애석하게도 다른 유명 책방들처럼 책을 엄청 많이 팔지는 못한다. 솔직해지자면 '유명'과 '엄청'은 빼도 무방하다. 미안하다. 마치 겸양인 양, 대박집만큼은 아니지만 중박은 치는 사장인 척해 봤다. 그렇다고 쪽박이라고 하긴 뭣하니

'소박' 정도로 정리하면 좋겠군. 소박하게 책이나 몇 권 파는 장사꾼.

작가로서의 성적표 또한 별반 다르지 않다. 대작은 언감생심, 다작도 앙망불급이다. 미안하다. 마치 겸양인 양…, 이하 무슨 말을 하려는지 아실 게다. 종합하자면 무명작가 출신의 얼치기 사장인 셈인데, 둘 중 작가가 시기상 먼저일 뿐 우선하는 것은 아니다. 저술업 역시 스스로를 운영한다는 면에선 자영업과 진배없다. 동시에 또 반대로, 내 가게를 꾸리는 일은 나만의 콘텐츠를 채우는 행위와 맞닿아 있다. 나는 둘 다 잘은 못하지만 이것이 잘못하는 건 아니라 믿는다. 쓰디쓴 에스프레소 안에도 달콤함이 숨어 있음을 안다.

쓰기만 하던 날들이 있었다. 청춘의 중심부였고 방황의 교차로였다. 언젠가 에스프레소 두 잔을 거푸 마시는 나를 보며 친구가 '쓰지 않냐' 물었을 때, 나는 이렇게 답했더랬다. 써 봤자 내 인생만 하겠냐고. 자조(自嘲) 섞인 농담 속에 자조(自助)의 노력이 계속되었다. 쓰기만 하던 시절이었다. 이력서를 쓰고 또 썼다. 가끔은 연서도 썼는데 씁쓸한 결말은 매한가지였다. '귀하의 역량은 우수하나…', '오

빠는 좋은 사람이지만…'

이후 취업을 하고 이직도 경험했으나 달콤함은 여전히 내 몫이 아니었다. 애쓰고 용쓰는 삶이 이어졌다. 그러던 중, 다른 걸 써 보기로 했다.

02

어느 날
공모전을

직장 생활을 하는 동안 글을 안 쓴 건 아니다. '안 쓴 건 아니'라고 하기엔 전문적으로 쓴 편이다. 기사, 칼럼, 인터뷰, 보도자료, 거기에 대표 인사말 및 공식 서한들까지. 쓰고 알리는 게 주 업무였다. 하나 그것이 '내 글'일 순 없었다. 인터뷰 기사는 인터뷰이의 것이었고, 기명 칼럼을 쓰더라도 조직의 테두리 안이었다. 나머지야 두말할 필요 없고.

내 목소리를 내고 싶었다. 남들에게 들려주기 전에 그것이 무엇일지 궁금했다. 과연 나는 어떤 이야기를 할 수 있을까. 처음엔 블로그에 일기를 끄적였다. 두서없고 주제 모를 잡문이었다. 오래가지 못했다. 시간보다는 콘텐츠가 부족했고, 무엇보다 게을렀다. 동기 부여, 다른 말로 강제성이 필요한 시점이었다.

그러던 어느 날, 모 신문사에서 주최하는 문학 공모전 소식이 눈에 들어왔다. 몇 월 며칠까지 원고 마감, 상금은 얼마. 옳지, 이거다. 이 정도면 충분한 동력이 될 수 있으리. 경쟁을 만만하게 본 건 아니었으나 딴에 이런 생각을 한 것도 사실이었다. '농땡이 피웠다간 돈백 날리겠군!'

상상, 망상, 뭐라 이름 붙이건 그것은 실제로 글을 쓰게 하는, 더 정확히는 완결시키는 힘으로 작용했다. 완성도와 별개로 달성도 면에선 효과를 본 셈이다. 참고로 완성도(完成度)는 어떤 일이나 예술 작품 따위가 질적으로 완성된 정도, 달성도(達成度)는 목적한 바를 이룬 정도, 라고 사전에 나와 있다. 일차 목표였던 200자 원고지 700매를 채우는 일이 쉬울 리 없었다. 어쩌면 급급했는지도 모르겠다.

다시 사전을 펼치니 급급(汲汲)하다는 건 '한 가지 일에만 정신을 쏟아 다른 일을 할 마음의 여유가 없다'는 뜻이란다. 나쁘지 않다. 한 가지 일에 정신을 쏟은 것만도 칭찬할 일이다. 마음의 우물에서 길어 올리고(汲) 길어 올린 (汲) 심상들이 작은 못을 이룬다. 그 일렁임에 설렐 누군가를 상상한다. 언젠가 책의 바다로 나아갈, 그날을 기다린다.

03
　✽
　✽

소설가는 나에게
포기하라고 말했다

　문제의 공모전은 소설 공모전이었다. 그것도 장편소설. 배움은커녕 습작의 경험도 없이, 그러다 보니 겁도 없이 덤빈 꼴인데 전적을 헤아려 보면 22전 22패 정도 되는 듯하다. 이런저런 문학상, 소설상, 신춘문예에 스무 번 넘게 나가 모조리 떨어졌다는 얘기다.

　겁은 없어도 의욕은 있었던 것이, 응모를 거듭할수록 원고는 업그레이드되었다. 수년에 걸친 퇴고 덕이었다. 코어를 강화하고 군살을 걷어 낸 뒤 필살기를 연마, 장착했다. 재차 링 위에 올랐다. 땡땡땡땡! 금세 공이 울렸다. 다시 공

(空), 빈손이다. 업그레이드는 착각이었나 보다.

그 무렵 한 유명 소설가와 얘기 나눌 일이 있었다. 그의 북토크에 참석했다 돌아가는 길에 우연찮게 버스 정류장까지 동행하게 된 것이다. 골목 끝자락의 동네책방에서 큰 사거리까진 거리가 제법 있었고, 그도 나도 일행 없이 혼자였다. 행여나 귀찮게 구는 건 아닐까 신경이 쓰이면서도 흔치 않은 이 기회를 놓치고 싶진 않았다. 더구나 그는 유수의 문학상을 제패한, 다관왕의 아이콘이자 당선의 신(神) 아니던가.

나는 티 안 나게 그와 걸음을 맞추며, 조금 전 행사장에서 못 한 개인적인 질문들을 늘어놓았다. '학교 몇 학번 후배로서 작가님의 하위 호환을 노린다'는 민망한 고백이 있은 후였다. 많은 지망생들의 롤모델이라 할 만한 그는, 소설 쓰기와 투고에 관한 내 고민을 듣더니 이내 이런 답을 들려주었다.

"포기하세요."

그의 입에서 다짜고짜 이 소리가 튀어나왔다는 건 아니다. 요지가 그랬다는 거지. '그 정도 해서 안 되면 그만 놓아주고 다른 작품을 써 보는 게 어떻겠냐' 하는 조언이었다. 그런 다음, 나중 언젠가 정식 작가가 되어 자신의 미발표 원고를 꺼내 볼 날이 있을 거라고, 그때는 지금과 또 다른 느낌일 거라고 그는 말했다. 자신이 겪은 동시에 많은 작가들이 공유하는 경험이라 했다. 어느덧 버스 정류장이 가까워졌다.

이후 나는 출간 작가의 타이틀은 달았지만 꿈꿔 왔던 소설가는 아직이다. 문제의 습작 역시 미발표인 채 잠들어 있다. 그렇다고 열정까지 잠든 건 아니다. 배움과 경험 없이, 그래서 겁 없이 뛰어들었다고 했는데 지금은 적어도 겸손은 안다. 완결의 경험도 있다. 이제 남은 건 하나. 소설을 배워 볼 차례다.

04
❀
❀

배워 봅시다,
소설

 소설이라는 게 배워서 되는 일일까? 배운다고 느는 영역일까? 잠시 머뭇거렸던 건 사실이다. 하지만 말 그대로 잠시였고 어디까지나 핑계였다. 뭐든 '안 해 버릇'하는 사람의 핑계. 의심병, 귀차니즘으로도 불린다지. 그러던 내가 소설 쓰기 강좌를 신청하게 된 건 변화에 대한 필요성 때문이었다. 스스로가 배움에 회의적이면서 누굴 가르칠 순 없는 노릇이었다. 예전에 내 PT 선생님은 자기도 다른 데서 PT를 받는다고 했는데, 내게도 그런 공부가 필요했다. 소설 강의는 구경조차 못 해 본 나였다.

말은 그리했지만 사실 난 뭔가 배우는 걸 좋아하는 편이다. 교육과 훈련의 힘이 소설에서도 예외는 아닐 것이다. 당연한 얘기다. 그렇지 않고서야 이 땅에 존재하는 많은 문예창작과들을 설명할 길이 없다. 문인 출신 학자, 교수들이 집단적으로 사기를 치는 건 아닐 테고.

그래, 사기(詐欺). 배우는 걸 좋아한다면서 앞서 경계를 했던 게 이 때문이다. 읽는 사람은 줄어드는데 쓰고 싶어 하는 사람은 늘면서 글쓰기 시장도 덩달아 파이가 커진 모양이다. 돈 되는 곳에 욕망이 몰리기 마련이다. 개중엔 사기꾼과 무자격자의 그것도 있을 터. 필히 피해야 할 부분이다.

우선 기회가 된다면 등단 작가, 유명 소설가한테서 수업을 받는 게 안전할 것이다. 자기가 쓰는 거랑 남 가르치는 거랑 별개라 해도 믿음은 간다. 문제는 이런 강사, 강의가 흔치 않다는 점이다. 그래서 개인적으로 추천하는 건 독립서점에서 꾸준히 진행하는 소규모 강좌들이다. 주로 학당, 아카데미 등의 이름이 붙은 평생 교육 기관에도 좋은 선생님들이 많다. 작가로서의 무게감은 덜할지 몰라도 가르치는 일에 대한 경험과 애정만큼은 결코 가벼이 볼 분들이 아니다.

　반면 다음과 같은 유혹들은 주의를 요한다. 누적 수강생이 몇 명이고 성사시킨 출판 계약이 몇 건이며 그렇게 해서 출간된 책이 몇 종, 몇 권이라는 식의 호들갑. 수십에서 수백에 이르는 수치가 요란한 폰트로 강조된다. 사람 좋은 얼굴, 사연 담긴 목소리, 풍부한 표정 연기가 결합된 SNS 동영상 광고도 빠지면 섭섭하다. 아시는 분은 아시겠지만 이들이 주장하는 '작가 데뷔'란 자기네 교육생의 작품을 자기네 출판사를 통해 찍어 내는 일에 지나지 않는다. 사업자등록증상 이름만 다를 뿐 학원, 에이전시, 출판사(인쇄소)가 결국 한 회사인 경우가 태반이다. 그냥 자기들끼리 의뢰하고 의뢰받고 '짝짝짝' 하는 거다. 수강료가 얼마였느냐에 따라 '출판 비용'은 달라질 수 있겠다.

　내가 소설 쓰기 강의를 들은 곳은 어느 출판사에서 운영하는 문화 센터였다. 거기서 나오는 괜찮은 책들을 알았기에 신뢰가 갔다. 신춘문예 당선 경력에 풍부한 경험까지 갖춘 강사님이라니 더 이상의 의심은 금물이었다. 하지만 모든 걸 다 떠나서 '생전 들어 본 적 없던' 소설 수업을 듣게 된 이유는 바로 '생전 들어 본 적 없'기 때문이었다. 살면서 안 해 본, 혹은 못 해 본 것들을 한번 해 보자는 마음이 컸다.

지금 아니면 언제 해 보겠냐는 말이 있다. 아무것도 하지 않으면 아무 일도 일어나지 않는다고도 한다. 누군가는 이럴 것이다. '안 하면 그만이지, 꼭 해야 됨?', '뭐? 아무 일도 안 일어난다고? 그럼 더 아무것도 안 해야겠네!' 그렇다. 어디까지나 선택은 개인 몫이다. 그런데 그거 아는가. 뭐 조금 한다고 엄청 대단한 일이 벌어지는 것도 아님을. 그저 '한다'는 사실, 행위, 과정 자체가 중요할 뿐이다. 소설 수업이 다 끝나고 나면 어떤 작품이 나올지, 나오기는 하는 건지 알 수 없지만 이 점 하나만은 분명히 할 수 있다. 적어도 소설 쓰기를 배운, 어제와 다른 나는 남는다는 사실 말이다. '나우 오어 네버'(Now or Never)까진 아니라 해도 지금이어서 괜찮을 이유는 충분하다. 봄은 늘 돌아오지만 '이번 봄'은 일생에 한 번뿐이다.

05
✤
✤

자격과
자격지심

 나에게 작가 타이틀을 안겨 준 것은 소설 아닌 에세이였다. 대개의 시작이 그러하듯 호기심과 우연의 산물이었다. 그전까지만 해도 책을 내고 싶다거나 작가가 되어야겠다는 욕심은 크게 없었다. 크게. 그러니까 뭐, 작게는 있었을지도. 하지만 그보다는 '출판은 아무나 하나'란 생각이 더 지배적이었던 게 사실이다.

 2층 양옥집을 개조한 어느 동네서점에서, 책 만들기 클래스를 한다기에 덜컥 신청한 기억이 난다. 출판은 아무나 못 해도 독립출판은 누구나 할 수 있다는, 그곳 운영자의 설명을 들은 후였다. 몇 번의 수업과 얼마간의 독학 끝에 ―편집, 디자인부터 인쇄까지 직접 다 챙겨야 했다― 책 한 권이 탄생했다. 얇기가 소책자 수준이었으나 그걸로 전국의 독립서적 애호가들과 만나고 서울국제도서전에도 참가했으니 좋은 추억이라 할 만했다. 그리고 무엇보다 작가란 이름표를 얻게 되었다!

그렇다. 위 느낌표는 민망함의 표식이다. 당시엔 누가 나더러 '작가님' 그러면 그렇게 어색할 수가 없었다. 과분했다. 어디 새로운 명칭 없나? 소소하게 글밭뙈기 부쳐 먹는다는 뜻에서 '소작가(小作家)' 정도가 적당하겠다. 소작농 느낌도 나고 좋다. 자격지심 아니냐고? 맞다. 누구든 할 수 있다지만 결국엔 아무나 가능한 독립출판으로는 스스로에게 자격(資格)을 부여하기 힘들었다. 오해는 마시라. 난 다른 독립출판물 제작자들을 작가로 부르는 데 주저함이 없다. 자격지심(自激之心)이란 '자기가 한 일에 대하여 스스로 미흡하게 여기는 마음'을 뜻한다. 초점은 어디까지나 타인이 아닌 자신에 맞춰져 있다.

우연히 독립서점에 들러 우연찮게 독립출판을 하게 된 나는, 그로부터 수년이 흘러 비슷한 공간을 차리기에 이른다. 이것은 우연일까 필연일까. 독립책방, 동네서점, 뭐라 이름 붙여도 좋았다. 다만 한 가지 결정할 게 있었으니, 그것은 바로 독립출판물을 판매할 것인가 말 것인가의 문제였다.

06

그들은 모두
자가출판을 했습니다

결론부터 말하면 내가 운영하는 서점에선 독립출판물을 취급하지 않는다. 이유는 자신이 없어서다. 창작자들과의 계약을 하나하나 관리할 자신, 조그맣고 때로 비정형이기까지 한 책들을 보기 좋게 진열할 자신, 무엇보다 판매를 잘할 자신, 그리고 이 모든 선결 조건으로서 좋은 작품을 선별할 자신.

독립출판의 반대말을 기성출판이라 했을 때 둘 사이 위계는 없다 해도 선호는 존재할 수 있다. 개인적으로는 독립서적에 탐닉하던 시절도 있었으나 특유의 전형성을 발견하고부터는 조금씩 멀어졌던 것 같다. 전형성이란 이를테면 이런 것이다. 날것 그대로의 강조, 솔직담백함에 대한 집착. 많은 독립출판 제작자들이 자신의 글이 '꾸밈없고 진솔하다' 말하는 걸 본다. '비록 화려한 미사여구는 없지만'이란 소개글도 익숙하다. 얼핏 겸손 같으나 실상은 자랑이다. 그러면서 오해, 심하게는 왜곡인 것이 기교를 부린 글은 진실하지 못한 것인 양 호도한다는 사실이다. 형식과 내용은 별개인데도.

자신의 정성 부족과 솜씨 결여를 아마추어의 풋풋함으로 포장하는 건 정말이지 아마추어 같은 행위다. 현실이 아마추언데 뭐가 문제냐고? 글쎄, 그렇다면 이는 곧 독립출판 작가 스스로 프로 작가와는 다른 존재로서 '구별 짓기'를 하는 셈 아닐까? 멋이 가미된 글에는 읽는 맛이 있다. 치장 좀 한다고 본질이 가려지진 않는 법이다. 덧붙여 '말하듯 쉽게 쓰라'는 조언은 읽는 이로 하여금 편히 이해하도록 쓰란 얘기지, 쓰는 입장에서 대충, 고민 없이 하란 뜻이 아니다. 말하는 대로 쓰는 게 제일이라면 글 중의 최고는 녹취록이 되어야 마땅하다.

아닌 책들이 있을 줄 안다. 위 지적을 무색게 하는 독립출판물들이. 하지만 기성출판과 달리 독립출판에는 객관적인 검증, 제삼자의 보증이 선행되지 않는다. 출판사로부터 추후 관심을 받는 경우는 있겠지만 말이다. 세계에서 가장 큰 독립서점으로 알려진, 미국 포틀랜드의 파월북스(Powell's Books)에는 이런 문구가 새겨져 있다고 한다.

"월트 휘트먼, 거트루드 스타인, 베아트릭스 포터, 그리고 D. H. 로렌스의 공통점을 아십니까? 그들 모두 자가출판을 했습니다. 다음은 당신 차례입니다."

나는 이것이 독립출판(자가출판)의 확장성과 제한성을 동시에 나타내는 글귀라 생각한다. 휘트먼, 스타인, 포터, 로렌스 모두 기성출판에 성공했다. 그리고 그로 말미암아 자신들의 독립출판 이력이 재조명될 수 있었다. 이들이 홍보 카피에 쓰인 데는 그만한 이유가 있는 것이다.

전술하였듯 독립출판의 다른 표현이 자가출판이고 영어로는 셀프 퍼블리싱(self-publishing)이라 한다. 모쪼록 작가들의 '셀프'가 스스로를 돕는 '헬프'(help)로 이어지길 빈다. 그렇게 계속 정진하다 보면 자가(自家)를 넘어선 일가

(一家)를 이루게 될지도 모를 일이다. 그런 마음으로 오늘을 쓴다. 쓰는 수밖에 없다. 누가 뭐래도 글은 셀프다.

07

작가로 불리기
부끄러웠던 이유

'써야 작가'라고 한다. 맞는 말이다. 다만 '쓰면 다 작가인가' 묻는다면 내 대답은 '글쎄요'다. 등단 및 수상 여부를 따지자는 건 아니다. 인세 계약을 통한 출간 경험이 필수라 생각지도 않는다. 상기 조건에 덧붙이고픈 사항은 따로 있으니, 쓰고 남한테 보여야 작가다.

작가를 꿈꾸는 사람에게 '쓰는 당신, 이미 작가'라고 말해 줄 순 있다. 응원과 격려 차원에서. 그래, 작가 그게 뭐 대단한 거라고. 작가(作家)란 문자 그대로 '짓는 사람' 아니던가. 다만 사전적 의미 이상으로 실질적 가치를 덧입힐

때 응원은 더 큰 도움이 된다. 재차 강조하지만, 쓰고 누군가에게 읽혀야 비로소 작가다.

매체는 무엇이건 상관없다. 책, 신문, 잡지, 블로그, 뉴스레터, 그리고 여러 소셜 미디어와 온라인 플랫폼까지. 독립출판이면 어떻고 다른 명칭의 출판인들 무슨 상관이랴. 콘텐츠를 유료로 제공하는지 무료로 서비스하는지 역시 중요치 않다. 손으로 눌러쓴 편지지, 타자가 수놓인 A4 용지도 훌륭한 미디어가 된다. 거기 담긴 글과 생각이, 많건 적건 다른 누군가에게 전해질 수만 있다면 말이다. 독자 없이 작가는 존재하지 않는다. '발표하지 않고 항아리에 넣어두더라도' 펜을 들겠다는 선언은 공허하다. 당신이 한 달에 걸쳐 유화를 그렸다면 그냥 벽장 속에 넣어 둘 리 없다.※ 시간에 부끄럽지 않게 공을 들였다면 더더욱 그러하다.

독립서적 출간 직후 한동안은 작가로 불리는 게 어색했다. 몸에 맞지 않는 옷 같았다. 그렇다면 일반 단행본을 내고부터는 달라졌을까. 어찌 됐건 두 번째이거니와 투고의 과정도 통과하였으니 약간의 자신감은 얻었던 듯하다. 옷에 몸을 맞추는 법을 알게 되었다. 그러다 다시, 작가 호칭이 낯설어지는 순간이 찾아왔다. 왜일까. 내 이름자가 박힌 책이 그래도 두 권 있는데.

  이유는 다른 데 있지 않았다. 쓰고 평가받기를 게을리한 까닭이었다. 작가란 오늘 써야 함에도 나는 어제에 머물러 있었다. 책을 썼던, 써 본 적 있는 한낱 경험자로서 말이다. 현재진행형이 아닌 과거완료형이, 부끄럽게도 내 시제였다. 계속해서 자신의 글을 발표하는 자와 머릿속에, 서랍 속에 담아 두기만 하는 이 중 어느 쪽이 진짜 작가인지 말하는 것은 어렵지 않다. 꾸준히 쓰고 열심히 선보여야 작가다. 나의 정의는 그러하다. 남들에 앞서 스스로에게 적용될 기준이다.

※ 앤 라모트, 최재경 옮김, 『쓰기의 감각』(웅진지식하우스, 2018)

08

하루 벌이와
매일 쓰기

 매일 쓰면 좋지만 그게 말처럼 쉬운 일은 아니다. 루틴을 가진 작가들이 대단해 보이는 이유다. 매일 새벽, 꼬박 다섯 시간을 쓰는 무라카미 하루키가 그렇고 하루에 원고지 다섯 매는 필히 채운다는 김훈이 다르지 않다.

 관심사가 관심사다 보니 글쓰기 관련 도서를 자주 읽는다. 위 사례는 '매일 쓰기'를 강조하는 글들에서 빠지지 않는 단골 소재다. 하루는 '이분들 또 뵙네' 하며 책장을 넘기다 저자의 흥미로운 주장에 눈길이 멈췄다. 영화, 소설 캐릭터들의 입을 빌려 '작가로 태어나고 성장하는 법'에 대해 말하는 에세이였다.

그에 따르면 작가가 매일 써야 하는 이유는 그것이 매일 밥을 먹는 행위와 같기 때문이다. 그러니 글쓰기를 하루 **빼먹는다는** 건 곧 자신의 영혼을 갉아먹는 행위… 라는데 글쎄, 그게 그 정도가? 살다 보면 끼니를 거르게 되는 날도 있지 않나? 하루 굶는다고 그게 무슨 영혼까지 갉아먹을 일인가? '매일 밥 먹듯이 글을 써라. 왜냐하면 글쓰기는 곧 밥 먹기이기 때문이다'란 주장부터가 순환논법이다. 대체 얼마나 밥에 진심이면 단식과 영혼의 파괴를 연결시킬 수 있는지 궁금하다.

치열한 작가 정신, 구도자와 같은 집필 태도 등을 강조할 목적이었다면 이해 못 할 바는 아니다. 저자가 소개하는 어느 영화에서도 소설가 주인공이 '쓰지 않으면 죽을 것 같으니까! 그 욕구를 무시하면 내 영혼을 갉아먹게 될 테니까!'라며 절규하는 장면이 나온다. 그런 사람 있을 수 있다. 하지만 이는 외골수, 편집증적 환자 같은 스테레오타입으로시의 작가 캐릭터를 재생사할 뿐이다. 글쓰기에 관한 책 중엔 힘 **빼라**, 힘 **빼라**, 입버릇처럼 말하면서도 정작 작가를 논할 땐 힘이 들어가는 경우들이 심심찮게 있다. 작가란 존재에 남다른 사명을 부여하는 것이다. 또 다른 글쓰기 책에서 말하길, 보통의 자영업자들은 멋대로 가게를 일찍 닫거나 아예 쉬기도 하지만, 작가들은 기분 따라 쓰고 말고를 결정할 수 없다고 한다. 마찬가지로 존재의 이유가 어떻고 영혼의 근간이 저떻고 하는데, 이는 논리적 이유보다는 희망 섞인 다짐과 당부에 가까웠다. 현상과 이상을 교묘히 저울질하는. 타인을 깎아내리면서 자신을 올리려는. 보통의 자영업자인 동시에 보통보다 못한 작가인 나로서는 고개를 갸웃할 수밖에 없는 대목이었다.

병마와 싸워 가면서도 펜을 놓지 않은 작가들을 안다. 아이를 재우고 겨우 노트북을 펴는 지망생도 있을 것이다. 어떻게든 매일, 한 줄이라도 남기려는 노력들은 존중되어 마땅하다. '하루 안 쓴다고 안 죽어!' 말할 일은 아닐 터. 하나 명심할 것은, 작가가 특별한 소명의 구현자라면 다른 직업인도 마찬가지란 사실이다. 직장인의 하루 벌이가 작가의 매일 쓰기에 비해 절실하지 않을 이유가 없다. 스스로를 경영한다는 점에서 작가는 자영업자고, 자영업자는 자신의 서사를 완성함으로써 다시 작가가 된다. 누군가가 마음으로 노래하는 동안, 또 누군가는 육체의 수필을 써 내려간다. 지금 이 순간에도, 매일.

09

서점이
서점이지, 뭐

  나의 작업실 겸 영업장은 '서점이 있는 카페'다. 북카페, 책방카페, 서점카페, 뭐라 부르건 카페가 주(主)임을 부인하기 어렵다. 매출 대부분이 음료 판매에서 발생한다는 뜻이다. 책 손님을 열심히 끌어 보지만 커피 고객에 비하면 늘 모자라기만 하다. 책 파는 데 도움될까 싶어 커피를 들인 건데, 반대로 카페 방문자를 위해 서재를 차린 꼴이 됐다. 그래도 오시는 분들께 책과의 만남을 자연스럽게 주선할 수 있어 기쁘게 생각한다. 여러 방식으로 '읽는 시간과 쓰는 경험'들을 제공하기 위해 노력 중이다.

커피를 팔지 않는 책방은 그래서 대단하다. 오직 책만으로 안정적인 수입을 올리기란 여간해서 쉽지 않다. 이런 서점은 '부심'을 부릴 만하다. 그들을 볼 때마다 질투와 존경을 느낀다. '나도 한 번?'이라는 도전 정신과 '내가 무슨' 하는 패배의식이 하루에도 몇 번씩 교차한다. 그럼에도 스스로 경계하는 건 이 서점이란 공간을 지나치게 특별하게 보는 시각이다. 필요 이상의 의미를 부여하는 태도다. 내 생각은 그렇다. 서점이 서점이지, 뭐.

아닌 분들이 계신 줄 안다. 한 책방 주인이 폐업을 앞두고 남긴 글을 보았다. '서점이 사라진 자리에 카페나 술집이 들어서면 어떻게 될까요? 당장은 몰라도 우리의 로컬 문화와 독서 생태계에 분명 좋은 영향은 아닐 겁니다.' 애절한 호소였다. 낯익은 책방 서사가 떠올랐다. 대학가 유일의 인문 사회 서점이 경영난에 빠져 사라질 위기에 처한다. 재학생은 물론 교수, 동문들까지 나서 책방을 살리는 데 힘을 모은다. 그 덕에 결국 서점은 위기를 극복하고 수십 년의 전통과 넋맥을 이어 갈 수 있게 된다… 는 이야기들. 로망이라 할지 판타지라 할지, 위상과 역사는 비할 데 아니면서 다음과 같은 인식을 지닌 분들 몇 분 봤다. '그래

도 서점인데. 이게 다 문화 사업인데.'

 일부 동의한다. 책방 또한 영리 목적이고 소매업으로 분류되지만 그래도 뭔가 다른 게 있으니 면세 혜택도 있고 지원 사업도 있고 그러는 거 아니겠는가. 교양이란 키워드가 이만큼 어울리는 업종도 드물다. 동네서점은 출판 보급의 실핏줄이요, 독서 문화 전파의 최전선이란 얘기가 과장은 아닐 것이다. 다만 '일부' 동의한다고 한 이유는 서점 아닌 카페, 술집도 얼마든지 문화 예술을 위한 놀이터가 될 수 있기 때문이다. 실제로 전시, 공연을 자주 여는 카페들이 있는가 하면, 많은 문인들이 술집에서 영감을 얻고 독자와 만나기도 한다. 그러니 서점이 없어지고 다른 먹고 마시는 가게가 생긴다 해서 이를 문화의 쇠퇴로 단정해선 곤란하다. 오판이고 오만이다. 책을 둘러싼 지금의 환경이 전술한 '대학가 책방 때'와 같을 수는 없다.

 '애정하는 곳이 사라진다니 아쉽네요. 이제 책은 어디서 사죠?' 책방의 영업 종료 공지에 누군가 댓글을 남겼다. 오랜 팬인 듯했다. 책방의 콘셉트가 맘에 들어 멀리서 부러 찾아오는. 이런 이에게 가까운 다른 서점을 추천하는 건 무의미한 일임을 안다. 하지만 그도 결국엔 새로운 사랑을 찾아 떠날 것이다. 그럴 수밖에 없을 터이다. 사람도 다른 사람으로 잊힐진대 하물며 가게 하나쯤이야.

'서점이 서점이지, 뭐.'

언젠가 있을 헤어짐에 대비해 이 말을 되뇐다. 이별을 준비한다는 건 순간에 충실하겠다는 각오다. 서점이란 단어에, 공간에 어떤 의미를 담을지는 존재하는 동안 계속해서 고민할 문제다. 어떤 서점이 특별하다면 보통 명사로서의 그것이 특별하다기보다 그 서점이 남다른 것이다. 명심할 점은, 특별함의 지위란 다른 누구도 아닌 고객들이 부여한다는 사실이다.

10
❄
❄

선물 그리고
눈물

"저기, 이거…"

"네, 거기 두고 가세요."

한 손님이 쭈뼛거리며 카운터에 뭘 올려놓길래 나는 그것이 쓰레기인 줄만 알았다. 그런데 웬걸, 쿠키 박스였다. 대신 좀 버려 달라는 빈 상자가 아니라, 예쁜 구움 과자들로 가득한 선물 상자.

"잠깐만요!" 돌아서던 그를 겨우 돌려세우고 감사 인사를 전했다. 그의 얼굴에 수줍은 미소가 번졌다. 직접 구웠는데 맛은 모르겠다고 했다. 나는 알았다. 쿠키는 이미 맛

있었다. 맛있을 수밖에 없었다. 연신 '우와~'라고 하는 나의 모습에 손님의 수줍은 미소가 환한 웃음으로 바뀌었다.

◆

 성탄절을 앞둔 어느 날, 한 손님이 크리스마스 선물이라며 뭔가를 쓱 내민다. 두툼한 겨울 양말이다. 어릴 적 이맘때 머리맡에 걸어 두던 양말이 떠오른다. 자식에 대한 사랑도 사랑이지만 동시에 엄마, 아빠의 꿈이자 청춘이 담겨 있었을 그때 그 양말. 영원히 베갯머리에 간직하고픈 선물 주머니. 잠깐의 상념을 상자에 다시 담고 손님에게 말했다. "고맙습니다. 잘 신을게요." 그 밖에 몇몇 산타들이 더 다녀간 덕에 잠깐 멜랑콜리하고 전반적으로 메리한 크리스마스 시즌이 되었다. 이 자리를 빌려 감사를 전한다.

◆

 세상엔 금손들이 참 많다. 이곳을 찾는 분들을 보며 종종 느낀다. '심심해서 끄적여 봤어요' 하며 종이를 턱 내미는

데 그것이 그림 선물이었던 적이 몇 번 있다. 냅킨에, 메모지에 사람과 책의 풍경이 쓱쓱 펜으로 담긴다. 서점에 관한 에세이를 한 권 사고는 그 띠지 뒷면에다 그려 주신 분도 계셨다. "어? 이건 전가요?" 그림 속에서 내 모습을 발견하곤 좋아한다. 좋아하는 나를 보며 금손 손님이 기뻐한다. 오늘의 기쁨을 인스타그램에 자랑한다. '대박 예술'이라는 아재스러운 멘트에 '완전 체고!'라는 애들 말투를 얹어 본다. 손님이 다음에 또 심심하셨으면 하는 바람이다.

◆

다른 선물도 있다. 이른바 '말의 선물'이다. 칭찬, 응원, 격려 등이 대표적인데 그게 다는 아니다. 자신의 불안과 그늘, 외로움과 괴로움을 털어놓는 것 역시 선물이라 생각한다. 별 볼 일 없는 무명작가, 영세자영업자에게 어렵게 속을 끄집어냈다는 사실이 감사하다. 어렵지 않았다면 더 다행이다. 이 '마음 수선소이자 슬픔 세탁소'에서 가끔은 떨리는 목소리도, 드물게는 글썽이는 눈물도 마주한다. 마음의 귀를 연다. 행여 울먹이는 표정이 부끄러울까 시선은 잠시 거둔다. 그 눈물에 별이 맺히길 기도한다. 존재 자체로 누군가의 선물일 당신을 응원한다.

II
❋
❋

늦은 저녁의
상담소

 그런 날이 있다. 출근길 길목마다 파란불이 반기는 날, 줄 서는 빵집에서 갓 나온 크루아상을 만나는 날, 반려식물에 돋은 새잎을 확인한 날, 옆집 고양이가 평소 않던 애교를 부리는 날, 그런 날을 좋아한다. 그리고 그보다 무수한, 아닌 날들을 사랑한다. 놀라우리만치 놀라울 것 없는 일상이 친근하다. 하릴없이 넘어가는 책장에, 속절없이 흘렀다 싶은 세월도 결국엔 사라지는 게 아니라 쌓이는 것임을, 왼손에 잡히는 어느새 두툼해져 버린 페이지를 보며 깨닫는다.

"저기, 많이 바쁘세요?"

독서 및 글쓰기 모임 회원 중에 개인적인 근심을 터놓는 분들이 가끔 있다. 직접적으론 아니고 대개 전주를 들려준다. 괜한 농담, 이런저런 질문, 평소와 다른 미소 등으로. 그날도 손님의 머뭇거리는 걸음이 나의 퇴근을 막았다. 간판 없는 고민상담소에 불이 들어온다. 손님은 어떤 새로운 도전 앞에 망설이는 중이라 했다. 실패가 두렵다고 했다. 이렇듯 고민은 대개 비슷한 얼굴들을 하고 나타난다. 생각하는 실패가 뭔지 물었다. 그것의 외양 역시 고만고만했다.

실패란 물론 두려운 대상이다. 기왕이면 피하는 게 좋다. 실패는 성공의 어머니이지만 더 많은 실패의 어머니이기도 하다. 실패를 통해 뭘 배웠다고 하는 건, 그거라도 없으면 너무 처량하기 때문이다. 회복탄력성, 겸손, 이런 것보다는 성공에서 얻은 교훈이 인생에 더 도움이 될 때가 많다. 누구도 다시 실패할 것에 대비해 실패를 연습하지 않는다. 그럼에도 우리는 아주 높은 확률로 실패한다. 그럴 수밖에 없음을 안다. 성공 가능성 90에 실패 가능성 10인 일은 드물며, 있다 해도 그 성공은 사람들의 욕망하는 그것과는 차이가 있다. 이것이 성공의 요체이자 실패의 생리이다.

여기, 한 축구 선수가 있다. 어떻게 빅 리그의 꿈은 이뤘으나 공식 경기 몇십 분 출장, 무득점이라는 초라한 성적만을 남긴 채 국내 무대로 돌아온 상황이다. 기자와의 인터뷰에서 그는 말한다. '후회는 없다. 그것은 실패가 아닌 도전이었다'라고. 미안하지만 틀린 말이다. 냉정히 봐서는 도전은 했으나 실패한 거다. 주전 경쟁에서 승리해 유럽에서의 생활을 이어 나가는 데 말이다. 그러면서 맞는 말이다. 도전을 했으니 그 자체로 성공이다. 안팎의 우려와 망설임을 뒤로하고 비행기를 탔다는 사실만으로 가히 성공이라 할 수 있다. 정리하면 이렇다. 도전을 하면 도전 자체에 백 퍼센트 성공한다. 그 이후의 성공과 실패는 알 수 없다. 도전을 안 하면 도전 자체로는 백 퍼센트 실패다. 그 이후의 성공과 실패는 관심 가질 필요 없다. 따질 수도 없다.

"그러게요. 최악을 가정해도 제가 겪게 될 실패가 그리 대단하진 않네요."

그의 표정이 아까에 비해 홀가분해 보인다. 아니, 처음부터 그리 무겁지도 않았던 게 사실이다. 도전을 망설이고 있단 얘기에 '에이, 별로 안 망설이는 거 같은데요?'라고 하려다 참았더랬다. 왜냐하면 이런 질문을 해 온다는 자체가 어느 정도 결심이 섰다는 뜻이거든. 나도 그와 비슷한 고민, 경험을 한 적이 있긴 하지만 조금 비슷한 건 아예 다른 거나 마찬가지다.

우리는 도전 이후 맞닥뜨릴 위기와 마주할지 모를 실패, 그리고 그것을 건너는 방법에 대해 얘기했다. 나의 지난날이 참고 사례로 동원되었다. 나로선 씁싸름한 '라떼'였지만 다행히 그의 눈은 빛나고 있었다. 물론 그 시선이 향한 곳은 내 과거가 아닌 본인의 미래였을 테다. 후회하는 자신을 부끄러워 말라고, 얼마든지 후회하라고, 잘난 것도 자격증도 없는 카운슬러는 말해 주었다. 가진 것 많으나 잃을 것 없는 내담자가 그러겠노라 답했다.

그와 나는 원격으로 하이파이브를 나누고 그 손뼉 사이 전격적인 약속을 끼워 넣었다. 서로의 다짐이 거기 떠 있기라도 한 것처럼 허공을 향해 토닥거렸다. 망설임이 길어도 이루어지는 건 또 금방이라고, 그에게 전하듯 나에게 속삭인다. 그렇다. 뭐든 지나고 나면 빠른 법이다. 대신 지나는 동안만큼은 그 밀도를 채울 수 있을 터. 인생의 덧없음을 피하기 위해선 계속해서 '지금'을 덧대는 수밖에 없다. 쌓이면 도약대든 전망대든 뭐라도 되겠지. 높지 않아도 괜찮고 다른 무엇이어도 상관없다. 아무것이 아니라 해도. 어쨌거나 내가 빚은 시간과 시간이 만든 나는 남았을 테니.

간판 없는 상담소에 불이 꺼진다.

12
❊
❊

링에 오르는
자세

 비 오는 날의 서점은 조용하다. 안 오는 날도 조용하고. 평일은 한가한데 주말이라고 크게 다를 것 없다. 얼마 전 후배가 놀러 와 이 여유로움이 부럽다고 했는데 가지지 못한 것에 욕심을 내는 건 자연스러운 일이다. 나도 그 친구의 어떤 면이 부럽다고 했으니. 정작 거기에 당사자의 고민이 숨어 있는 줄 모르고.

 그래, 남 얘기는 원래 쉬운 법이다. '생각 없이', '무책임하게'라고 하면 좀 그러니까 '가볍게', '편하게' 정도로 해두자. 내 인생이 무거운데 남 얘기까지 무겁게 할 순 없는 노릇이다. 그러니 서로 똔똔, 쌤쌤, 비긴 걸로. 어쩌면 나나 후배나 크게 부럽지도 않으면서 부러운 척했는지 모르겠다. 일종의 응원 또는 인사치레로.

내가 생각하는 진짜 부러움의 기준은 이거다. 그 욕구를 충족시키기 위해 행동을 했는가, 하지 않았는가. 결과는 차치하고서 말이다. 여행 다니는 거 부럽다 하면서 집에만 있는 사람 흔하다. 다독가를 동경하지만 책 대신 스마트폰을 들기 일쑤다. '부러우면 지는 거다'란 말이 있는데 말로만 부러워하는 건 승패 이전에 전적 자체가 없는 셈이다. 링 위에 한 번도 오르지 못한, 섀도복싱만 주구장창 하는 복서랄까. 이를 두고 '맞을 일 없어서 다행'이라고 할 거면 하루속히 글러브 벗는 편이 낫다.

"누구나 계획은 있다. 턱에 펀치가 꽂히기 전까지는."
(Everyone has a plan until they get punched in the mouth.)
복서 마이크 타이슨이 한 것으로 유명한 이 말은 간혹 압도적 기량 차이를 강조하는 문구로 사용되기도 하지만—그래선지 '그럴싸한 계획'이라는 의역들을 많이 한다—우리는 '에브리원'으로서 그 계획에 집중해 볼 필요가 있다. 일차적으로 이는, 현실의 어려움, 급작스러운 사태에 맞설 수 있는 철저한 준비의 필요성을 말한다. 동시에 백날 연습만 해봐야 소용없다는, 실전 경험의 중요성을 뜻하기도 한다. 여기서 내가 떠올린 것이 바로, '처맞을 계획'이다. 얻어터질 결심이면서 각오다.

물론 처음부터 흠씬 두들겨 맞을 생각으로 링에 오르는 선수는 없을 것이다. 마찬가지로 단 한 대도 맞지 않으리라 예상하며 경기를 뛰는 선수도 없다. 링에 오른 이상, 펀치 세례를 각오해야 한다. 그 날아드는 주먹이 현실의 어려움이자 급작스러운 사태다. 가드를 올리고 위빙을 해 봐도 유효타를 피하기는 어렵다. 그럴듯한 계획이 꼬일 위기다.

하지만 경기에서 부상과 고통은 불가피하단 사실을 아는 이들은, 그 위험성을 알고도 시작한 이들은 적어도 쉽게 수건을 던지는 일은 없다. 어떻게든 스텝과 호흡을 유지하며 다음 기회를 엿본다. 꾸준한 스파링으로 길러 온 맷집도 한몫한다. 이렇게 어느 정도의 유효타는 감수하더라도 결정타만 피한다면 그 계획은 성공한 계획이 될 수 있다. 날아드는 주먹은 누렵시민 두렵다는 건 살아 있다는 증거다. 모모*도 로자 아줌마한테 비슷한 말을 했던 거 같다. 타이슨은 두려움은 불과 같은 것으로, 지배를 하느냐

당하느냐에 따라 이로울 수도 해로울 수도 있다고 했다.

현실에 한 방, 세월에 두 방 맞아 가며 내가 진짜로 원하는 게 뭔지 알아 간다. 앎을 넘어 삶으로 가는 길에 부러움과 두려움을 만나 함께 걷는다. 직접 싸워 본 자의 아드레날린을 기억한다. 훈련 일지를 쓰며 꿈과 땀과 씀은 왜 된소리일까 생각한다. 크게 심호흡을 한 뒤 느슨해진 붕대를 고쳐 감는다. 시작을 알리는 공이 울린다.

---

* 에밀 아자르, 용경식 옮김, 『자기 앞의 생』(문학동네, 2003)

13
❋
❋

사장
실격

 이제 와 고백한다. 나라는 인간은 서비스업에 어울리지 않는 사람이다. 내향적이어서는 아니고 일머리가 없어서도 아니다. 친절하단 소리, 세심하단 칭찬, 제법 들어 봤다. 가끔 어이없는 상황에서 표정 관리가 안 되는 게 문제지. 응? 그게 무신경하고 불친절하단 뜻이라고? 그래, 뭐 이러나저러나 서비스업 부적격자임은 인정할 수밖에.

 내가 이 접객업을 한다고 했을 때 몇몇 지인은 놀랍다는 반응이었다. 나 말고 손님이 걱정된다는, 우스개 같은 우려도 있었다. 알바 경험 하나 없는 데다 '아닌 건 아니'라고 말하길 좋아하던 나였으니 그럴 만도 했다. 나도 내 손님이 걱정됐다.

'그래도 서점이면 괜찮지 않을까?'

일본의 한 동네책방 주인장이 쓴 에세이를 읽는데 이 문장이 눈에 들어왔다. 사교적이지 못한 성격에, '남의 돈'을 벌어 본 적 없던 저자는 인생 첫 자영업에 나서며 '그래도 서점이면'이란 생각을 품는다. 서점 방문객 중에는 막무가내 진상이 드물 것이며, 친절에 대한 손님의 기대치 또한 낮으리란 게 그의 예상이었다. 일견 수긍이 갔다. 내가 만났던 소심하고 무뚝뚝하고 까탈스러워 보이던 동네책방 사장들이 떠올랐다. 카페나 다른 업장이었다면 '컴플레인' 들어올 만한 일도 그곳에선 특유의 '예술가적' 분위기 아래 상쇄되곤 했다. 말이 좋아 사장이지 서생에 진배없는 주인장을, 뭐랄까 손님들이 긍휼히 여긴달까? 우리가 책 앞에서 알게 모르게 너그러워지는 것도 사실인 듯했다.

오해는 말길 바란다. 예술성과 사회성이 무슨 대립항도 아니고 책과 서비스에 공히 능통한 서점 운영자들도 많다. 위의 일부 사례를, 누구는 변명거리로 또 누군가는 타산지석으로 삼을 것이다. 까칠하고 오타쿠스러운 모습을 전략적으로 포지셔닝하는 경우도 있겠다. 이들은 손님의 반응을 봐 가며 '불친절의 수위'를 조절한다. 그것이 매력으로 용인될 수 있는 수준까지.

나는 어떤 사장이었는가. 스스로를 돌아본다. '전략적 포지셔닝'까진 아니지만 상대가 어떻게 나오느냐에 따라 나의 응대도 달랐던 것 같다. 가끔은 '응징'이기도 했는데 동네서점과 그 운영자를 만만하게 보는 태도에 특히 그랬다. 다음과 같은 위선을 참기 힘들었다. 경청의 중요성을 말하는 책으로 독서 모임을 하면서 종업원의 말은 무시하는 사람들. 서가의 책들을 빼서 노트북 받침대로 사용하는 자칭 책 애호가들. 이런 모습들에서 예의 표정 관리에 실패하곤 하는데, 그 속엔 '책은 읽어서 뭐하냐'고 묻고 싶은 마음이 숨어 있다.

거듭 밝히는 바, 이러한 성격은 서비스업 종사자로서 꽝이다. 그간의 나는 논리를 중시한다면서 정작 자본의 논리, 어쩌면 사람의 심리는 경시했다. 가게 SNS에 굉장히 이성적인 척하는 감정적인 글을 올리고는 혼자 그 '사이다'에 취한 적도 있다. 멋쩍은 트림이 올라오는 부끄러운 기억이다. 지난 자영업의 세월은 내게 가르쳐 주었다. 정직이 반드시 최선은 아님을. 솔직함이 때로는 독이 될 수 있음을. 더불어, 버림으로써 완성되는 글이 있음을, 무엇을 떠나보내고서야 나는 알게 되었다.

14
❄
❄

디어 마이
게스트

 5년이다. 매년 '올해만' 하던 게 다섯 번이 됐다. 오래했다. 직장 생활도 한곳에선 이렇게 안 해 봤는데. 내 첫 사업장 '테이블오브콘텐츠' 얘기다.

 만남이 있으면 헤어짐이 있고, 채운 다음에는 비울 때라는 진부한 표현을 떠올린다. 나는 이곳에서 누구를 만나고 무엇을 채웠는가. 놓쳐 버린 인연, 잡지 못한 기회들이 앞다퉈 고개를 내민다. 이제는 겸언쩍은 미소로 웃어넘길 수 있는 것들이다. 일부는. 하지만 나머지는 너무 부끄러운 나머지 눈조차 마주치기 어렵다. 몇몇 인연과 기회를 떠나

보낸 건 나의 무지, 허영, 교만, 나태 그리고 욕심으로 말미암은 것이었다. 돌이킬 수 없음을 안다. 흘러간 것은 흘러간 대로 두고, 새로운 물길에 몸을 맡기기로 한다. 헤어질 결심을 한다.

친애하는 나의 손님들, 'Dear my guests'로 시작하는 편지를 쓴다. 왜 떠나는지 설명하려는데 펜은 앞으로 나아가길 거부한다. 계속해서 같은 자리에 찍히는 잉크가 내 먹먹한 가슴을 그려 낸다. 미련의 자국이 번지기 전에 펜을 옮긴다. 글쓰기 수업 학생들한테 '초고는 가볍게, 퇴고는 무겁게'라고 강조했던 게 민망해진다. 마음의 중력 탓인지 운을 떼는 것부터가 고초다. 이럴 때는 가장 하고 싶은 말, 핵심 메시지에서 출발하는 것도 방법이다. 소설이라면 절정, 기사로 치면 '야마'인데, 편지의 경우 간혹 이것이 추신에서 발견되기도 한다. 예를 들면 P.S. I love you 라든가.

그래서 나는 사랑한단 말을 하고 싶었던 걸까. 뭐가 됐든 그 인사는 부치지 못한 편지가 되어 버렸다. 손님들에게 아무런 작별 예고 없이, 어느 날 갑자기 책방 문을 닫은 것이다. 그러고는 사후 통보. 내 결정은 갑작스럽지 않았으나 받아들이는 입장에선 그럴 수도 있겠다. 보내지 않은 서신의 겉봉을 열어 '미안해'라는 추신을 적어 넣는다.

　미안할 짓은 왜 했냐고? 글쎄, 그냥 하던 대로 마무리하고 싶었다. 5년이 아니라 하루를 마감하는 기분으로. 내일 또 문을 열고 책을 진열하고 커피를 내릴 것처럼. 디데이 카운트다운 속에 무슨 굿바이 세일을 벌여 가며 막바지 호객 행위를 하긴 싫었다. '얼마 안 남았으니 많이들 오세요' 이 말 없이도 그냥 찾는 단골들과, 마지막 순간을 함께할 우연한 걸음들이 보고 싶었다. 영업 종료를 앞둔 주말, 몇몇 오랜 팬들을 만날 수 있었고 평소와 같이 그들을 맞이했다. 나가는 순간까지 달리 언질이 없었음은 물론이다. 대신 평소보다 미소를 더 또렷이 지어 보였는데 잘 전달되었는지는 모르겠다. 이후 또 다른 단골들로부터 '누가 작가님 아니랄까 봐', '사장님다운 이별이네요'라는 메시지가 온 걸 보면 그들도 이런 나를 이해하리라 믿는다.

　간판을 내린 다음 날, 남은 짐을 빼고 있는데 누군가 고개를 빼꼼 들이민다. 낯익은 동네 주민이다. 늘 내리깐 눈과 낮게 깔린 목소리로 '따뜻한 아메리카노요' 한마디만 하던 분. 있는 듯 없는 듯 머물다 가끔은 언제 일어났는지도 모르게 떠나시던 분. 이날은 잠시 놀라는 듯도 했으나 이내 특유의 저음으로 '이제 어디로 가시냐'고 묻는다. 처음으로 반짝이는 두 눈을 보여 주면서. 말없이 머물다 홀연히 사라지는 모습에서 손님과 묘한 동질감을 느낀 나는, 그분 역시 비슷한 감정이지 않을까 추측하며 다음과 같이 답했다. 아직 정해진 건 없다고, 그만큼 정해야 할 것도, 정할 수 있는 것도 많다고. 손님은 가던 길을 갔고, 나는 떠날 채비를 마쳤다.

쓰다 만 편지를 꺼낸다. 우리는 대개 다음 장(章)이 뭔지 모른 채로 책을 읽고 글을 쓴다. 마찬가지로 우리 삶에는 언제 또 어떤 장(場)이 펼쳐질지 알 수 없다. 확실한 건 모두가 오늘을 쓰고 있다는 사실이다. 이 몇 줄을 추가한 뒤 편지를 봉한다. 보낸다. 나의 친애하는 동지들에게.

II

롸이트 클럽의
규칙은
다음과 같다

01
❈
❈

작가 같은
소리 하고 있네

 시작은 우연이었다. 나른한 오후, 무거운 눈꺼풀 위로 날아든 그 목소리가 아니었다면 고민은 계속되었을지 모른다. 글쓰기 수업을 해야 하는데, 몇몇 분이 클래스 좀 열어달라는데 내가 할 수 있을까?

 "저기… 사장님?"

 조용하던 홀에 균열이 인다. 멍을 때렸거나 졸았거나 둘 중 하나였던 나는 뭔 일 있었냐는 듯 키보드 위 손가락을 짐짓 놀렸다. 마치 글이 안 써져서 고뇌하는 작가처럼.

 "사장님, 작가시라고요?"

맞다. 나 작가였지? 아까보다 조금 더 커진 동공으로 목소리의 주인공을 바라본다. 번역가로 일한다는 그는 외근을 나왔다가 잠깐 들른 거라 했다. 그러면서 평소 SNS 잘 보고 있다는 인사를 덧붙였다. 미소로 화답한 뒤 환담을 이어 갔다. 환담이 고민 상담으로 이어졌다. '글쓰기 강의를 잘할 수 있을까' 하는 고민 말이다.

"사장님, 작가시라면서요!"

주저하는 내게 그는 처음의 그 말을 반복해 들려주었다. 물음표와 느낌표의 차이는 기대와 믿음 정도의 거리였을까? 결국 같은 거라고 '기대에 찬 믿음'이었다고 이제 와 나는 해석한다. 돌이켜 보니 자신감을 가질 근거는 충분했다. 기자와 에디터로 일하면서 다양한 매체에 글을 실었다. 외주 콘텐츠를 관리, 감수한 경험도 있다. 더 어릴 때는 언론사, 공기업 논술 전형에 다수 통과해 그걸 바탕으로 다른 사람들의 글을 봐 주기도 했다. 무엇보다 내 책이 있는 엄연한 작가다. 그래, 이 정도면 누굴 가르치기에 부끄러운 수준은 아니지 않을까?

무명작가, 초보 강사의 자기 홍보가 길었다. 자신감 고취를 위한 자기 최면, 자기 암시라 해두자. 이후 나는 손님의 응원과 격려에 힘입어 목표했던 바를 이룰 수 있었다. 누군가의 '쓰는 삶'을 돕는 사람이 된 것이다. 물론 그전에도 다양한 방식으로 자극을 주는 분들이 계셨다. '사장님 인스타 너무 재밌어요. 팬이에요. … 근데 글쓰기 교실은 안 여시나요?' 이 말이 특히 좋았다.

서두에서 우연한 시작이라 했지만 모든 게 필연이었던 셈이다. 생각만 하던 사장을 실천하는 강사로 이끌어 준 이들에게 고마움을 전한다. 다행이다. 몇 기째 이어진 수업으로 그 보는 눈이 틀리지 않았음을 증명했으니 말이다. 최근엔 외부 강연도 몇 차례 했다. 앞으로 더 많은 분들과 같이 쓰고 더불어 자라기를 소망한다. 귀 기울이고 펜 기울이는, 모두의 쓰는 삶을 응원한다. 쓰다가 지칠 때면 '나는 작가다'란 주문을 외워 보시길. 누군가 '작가 같은 소리 하고 있네'라고 한다면 진짜 '작가다운 소리'를 들려주면 될 일이다. 지치도록 쓰고 또 쓴다면 진정으로 작가답고 그래서 나다운 이야기와 마주할 수 있을 것이다. 그 지점에서의 만남, 초대를 기다린다.

02
❋
❋

글쓰기는 왜 글 쓰기가 아니고 글쓰기인가

 책 읽기는 띄어 쓰면서 '글쓰기'는 왜 붙여 쓰는가. 그림은 동일한 형태소의 동사를 갖는데 '글'은 왜 그렇지 아니한가. 글쓰기가 한 단어로 취급되는 것은 쓰기 혹은 무엇무엇 쓰기와는 다른 고유한 의미가 있어서인가. 같은 예술 활동으로서 '글-쓰다'의 관계가 그림-그리다, 춤-추다 등과 차이를 보이는 것은 어째서인가. 파생 명사가 아니어서 그렇다면 음악-하다, 무용-하다처럼 '하다'를 붙이는 건? 시-하다, 소설-하다, 에세이-하다⋯ 역시나 될 리 없다. 글은, 써야 한다. 써야만 하는 것이다.

글쓰기 수업을 준비하며 글쓰기를 생각한다. 당장 가르치고 평생 익혀야 할 대상을 이름부터 뜯어본다. 작가론, 작법서 등에서 만난 세 글자를 손끝으로 더듬는다. 상하좌우도 모자라, 평면의 활자가 입체라도 되는 양 뒤를 살핀다. 한참을 응시한다. 무슨 이면(裏面)이라도 발견할까 싶어서.

"주제어에 집중해 볼까요? 사전을 참고하셔도 좋고요."

첫 문장 쓰기가 어렵다는 분께 이런 조언을 건넨다. 명사형의 키워드일 필요 없고 꽂히는 말뭉치면 충분하다. 익숙한 어휘라도 사전에서 숨은 용례를 찾는다면 거기서부터 '낯설게 쓰기'를 시도할 수 있다. 사전적 정의와 실질적 쓰임 사이의 괴리도 좋은 에세이의 단초가 되어 준다. 사전과 친해져라. 어원을 추적하고 형태소를 분석하라. 파자(破字)에 도전하라. 소설 속 예문을 확인하라. 메모지에 적은 다음 접거나 구기거나 찢는 것도 추천한다. 운영 중인 글쓰기 모임에서 사용하는 방법인데 처음에 어리둥절해하던 멤버들도 나중엔 무릎을 치는 경우가 많다. 이상은 '글쓰기 물꼬'를 트는 작업으로 이때 사고와 행동은 과감할수록 좋다. 뻘소리를 두려워 말아야 진부함의 뻘에 빠지지 않는다. 세계적인 자기 계발, 동기 부여 전문가들 역시 '주변의 비웃음을 살 만한 황당한 목표 10가지를 세워 보라'는 식으로 관성에서 벗어날 것을 요구한다. 이 또한 많을수록, 잦을수록 더 나은 효과를 기대하기 쉽다. 때로는 양이 질을 담보한다.

글쓰기도 마찬가지다. 무조건 튀기, 맹목적 차별화에 대한 주문이 아니다. 중요한 건 자기만의 시각과 해석을 갖느냐다. 과거 직장 워크숍에서 '디자인'에 대해 말할 기회가 있었는데—화면에 뜨는 제시어를 보고 즉흥 스피치를 하는 시간이었다—그때 나는 design이라는 철자를 뒤집어 NG+ised의 형태로 배열했다. NG가 '좋지 아니한 것'(no good)이고 -ised가 '-화(化) 된'을 뜻하는 접미사니 디자인은 이것의 전복이자 개선이란 설명을 덧붙였다. 말장난이라면 말장난이고 재정의라면 재정의다. 뭐가 됐든 쓰는 자라면 일단은 끄집어낼 줄 알아야 한다. 머릿속 관념이 노트 위 글줄로 수놓일 때 그것은 또 다른 생명력을 얻는다.

글쓰기는 어찌하여 글쓰기인가. 나름의 의미를 부여할 순 있겠으나 단순히 붙여 쓴다는 사실이 단어의 중요도 및 사용 빈도를 대변하진 않는다. '신소리'(신을 끌면서 걸을 때 나는 소리)는 사전*에 있어도 '신발소리'는 없다. '팥물'과 달리 '콩 물'은 띄어 쓴다. 그 밖에도 이게 왜 하나로 등재 (안) 돼 있지? 싶은 단어들을 여럿 만난다. 사전과 친해지라고 한 이유가 여기 있다. 적확한 표현, 풍부한 어휘를 위해서이기도 하지만 호기심과 상상력의 놀이터로서의 기능도 무시 못 한다. 쌈싸래는 쌈싸'래'인데 쏩쓰레는 왜 쏩쓰'레'인가에 대해서도, '순(純) 한글'과 '한글' 중 어느 쪽이 순 한글인가를 놓고도 얼마든지 글을 쓸 수 있다.

사전이란 불완전할 수밖에 없기에 거기서 무슨 불변의 진리나 빈틈없는 논리를 찾을 일은 아니다. 이는 그만큼 자기만의 해석을 시도할 여지가 있다는 뜻이다. 사소한 궁금증을 사소하게 넘기지 마라. 작은 목소리도 분명하게 내라. 그러면서 돌아오는 메아리를 확인하라. '글쓰기'라는 단어를 보며 쓰는 자의 덕목을 되새긴다. 글쓰기는 왜 글쓰기일까. 여러분만의 답을 찾았는지 궁금하다. 그럴듯한 생각이 떠오르거든 공유 바란다. '그래야 함'이 아니라 '그럴듯함'이면 충분하다.

* 표준국어대사전 기준

03

행복을
묻다

"글을 쓰면 왜 행복해지는 걸까요?" 책방 손님이 물었다. 급작스러운 질문에 당황한 것도 잠시, 이내 아무렇지 않은 척 입꼬리를 올린다. 무언의 미소로 시간을 번다. 무슨 답이 좋을까? 자기만족, 자아 성찰 같은 단어들이 목젖에서 기각된다. 되묻기 전략을 구사한다. "행복, 하세요?"

'네'라는 답이 단번에 돌아온다. 초면에 이런 대화라니. 책으로 둘러싸인 공간이라면 언제 일어나도 어색하지 않은 마법이다. 망토 같은 코트를 휘날리던, 마법사 혹은 마녀를 떠올리게 한 그녀는 알고 보니 문예창작과 학생이었다. 시를 전공한다고 했다. 그래 어쩌면 시어와 운율의 마술사인지도.

시와 사랑, 글과 행복에 관한 이야기가 이어졌다. 에세이스트가 행복의 뒷모습을 응시하는 동안 시인은 상처의 어깨에 손을 올렸다. 이유에 매달리는 나와 달리 현상과 함께 걷는 그녀다. '글을 쓰면 왜 행복해지는 걸까'란 처음의 말은 질문 아닌 자기 고백이었다.

손님의 눈에 그렁그렁한 행복을 그제야 발견한다. 그것이 고이다 못해 넘치는 날엔 또르르 눈물 되어 누군가의 가슴을 적실 것이다. 그 가슴들을 원으로 두른 범위만큼 세상에 번질 것이다. 그렇게 생겨난 또 하나의 눈물 자국 위에서 사람들은 살아가겠지. 때로는 너무 커서, 그것이 행복의 자국인지조차 알지 못한 채로.

수필은 피어나고 시는 맺힌다. 작가는 소명이고 시인은 작위(爵位)다. 읽는 이의 만족은 저자의 고통에 빚을 지며 그리하여 쓰는 자의 고됨이란 행복한 작가 됨이다. 서랍 속 묵은 원고를 꺼내 본다. 아픔과 슬픔이 인사를 하고, 고통과 번민이 고개를 들리라. 쏠수록 달콤함을 안다. 시인 손님이 전해 준, 괴로움과 친구 맺는 법을 상기한다. 피하지 말 것, 속이지 말 것. 쓰기에 마법 따위 없음을 거듭 명심한다.

04

고정관념의
함정

"영업, 하시나요?" 한 손님이 심각한 낯으로 묻는다. 오픈을 알리는 입간판이 나와 있고, 문이 열려 있고, 조명은 켜져 있고, 주인장이 '안녕하세요!'라고 큰 소리로 맞이했고, 홀에 음악이 흐르면서 다른 손님들까지 다 있는데, 안으로 들어와 그걸 다 확인해 놓고선 '영업하는 거냐'니.

의아함을 묻어 둔 채 '네'라고 답한다. 가끔은 '네에?'라고 반문하기도 하는데, 그러면 또 '아니, 너무 조용해서요. 안 하시는 줄 알았어요' 같은 답이 돌아올 때가 있다. 여전히 의아하다. 옆에서 왁자한 수다를 듣고서도 그러기 때문이다.

 왜 그럴까 곰곰이 생각한다. 그러다 내린 결론이 '고정관념'이다. 고정관념에 따른 착각. 이곳은 입구부터 책들이 반기는데 거기서 일단 흠칫하는 분들이 계신다. 정말이다. 사전 풀이대로 몸을 움츠리며 갑작스럽게 놀란다. 그분들 머릿속에 '책 하면 도서관이고 도서관은 곧 정숙'이라는 사고 회로가 작동하지 않았나 추측한다.

 이런 고정관념은 다른 곳에서도 발견된다. 주로 연세가 있으신 분들이 노트북 하는 손님들을 보고 '학생들 공부하니 조용히 해야겠다'고 하는 경우다. 이분들 인식엔 '노트북=공부'인 셈인데 아시겠지만 그걸로 유튜브 보고 게임하고 웹서핑하고 다 한다. 굉장히 집중하는 듯 보이지만 그게 꼭 학업이나 업무만은 아닌 것이다.

 또 뭐가 있을까. 화장실은 남녀 공용이고 왼쪽 것을 사용하시라 안내해도, 문에 안내문을 붙여 놔도, 몇몇은 꼭 오른쪽을 두드린다. 대개 여자 손님이다. '왼쪽은 남자, 오른쪽은 여자' 이 공식이 머리에 박힌 탓이다. 만일 오른쪽이 공용이었다면 왼쪽 문과 씨름하는 남자분들이 계셨을 테다.

그럴 수 있다. 중요한 건 이후의 태도다. 늘 그렇진 않구나. 내가 틀릴 수 있구나. 받아들이는 자세. 계속해서 자기가 보고 싶은 것만 보고, 믿고 싶은 대로만 믿어선 곤란하다. 이는 스스로를 고정관념의 함정에 빠트리는 일이다. 가끔은 고개를 삐딱하게도 하고 필요하다면 물구나무도 서 보자. 의식적인 훈련은 필수다. 글쓰기도 마찬가지다. 편하게 쓰되 불편하게 고민해야 한다. 중간중간 의심해야 한다. 고정관념, 선입견, 편견이라는 블링커*가 내 마음의 시선을 어느 한쪽으로만 몰고 있지 않은지를. 자신이 때로 틀렸음을 아는 이는 그만큼 더 나은 글을 쓸 가능성이 크다. 이것은 틀림없는 사실이다.

---

* 경주마의 눈 옆을 가려서 시야를 제한하는 도구

05
❋
❋

우는
책

 글 상담 신청을 종종 받는다. 글쓰기 어떻게 시작해야 할지 모르겠어요, 글 쉽게 쓰는 비결 좀 알려 주세요, 제 일기 한번 봐주시겠어요?. 첫마디는 다양하지만 원하는 바는 하나다. 쓰고 싶다는 거. 기왕이면 잘.

 날 믿고 묻는 것일 테니 감사할 따름이다. 그래서 최대한 피드백을 드리려 애쓴다. 유료 강의도 무료 첨삭도 해 봤지만 중요한 건 개별 맞춤임을 잊지 않는다. 공통된 기본이 있긴 하다. 그것부터 단단히 갖추시라 말씀드린다. 하나 어차피 완벽이란 없기에, 계속해서 새겨야 할 부분이기에 각자의 사례로 넘어가곤 한다. 너무 늦지 않게.

내막을 다 공개하기 힘든 사연들이 상담의 형태로 다가오기도 했다. 병마와 싸우는 이야기, 큰 이별 후의 노래가 내 귓전을 울렸다. 같이 우는 쪽을 택했고 솔직히 모른다고 답했다. 내 상상력의 품은 그리 넓지 못했다. 아니 이건 상상력이 끼어들어선 안 될 일이었다. 대신 눈물을 잉크 삼지는 말라고 전해 주었다. 몇 글자, 몇 줄은 몰라도 눈물로 전체 페이지를 울게 해서는 곤란하다고 말해 주었다.

몇몇은 붉어진 눈시울로 거울을 보았다. 비친 제 모습 위에 글을 썼다. 넋두리처럼 시작한 고백들이 하나둘 수필이 되어 갔다. 감정을 쏟아 낼 만큼 쏟아 낸 이에겐 몇 개만 주워 담기를 권했다. 작가가 탈진하지 않게, 독자가 나가떨어지는 일 없게. 비평가 토비 리트는 '나쁜 글의 대부분이 글쓴이가 자기 자신을 향해 읊은 연애시'라고 지적했는데[*] 자신을 향한 눈물의 시 또한 거기 해당한다.

상처를 고스란히 드러내라, 취약성을 과감히 고백하라. 이런 조언이 효과를 발휘하는 건 초고 쓰기에서다. 외면하지 않고 직시하는, 도망가는 대신 맞서 싸우는 자세는 응당 필요하다. 하지만 흉이든 흠이든 공개할 때는 기준이 있어야 한다. '나 이 정도로 솔직하다' 자랑하는 작가들도 그 정도니까 하는 거라 보면 된다. 독자를 배려 않는 쓰기는 자기만족일 뿐이다. 배설에 다름 아니다. 그렇게 해서 치유가 된다면 일기를 쓰는 편이 낫다. 그럼 진짜로 더없이 솔직해질 수 있다.

무엇을 위해 글을 쓰는가. 어째서 다른 것도 아닌 글이어야 하며, 남들이 왜 그걸 읽어야 하는가. 이 물음에 답해 보자. 그런 다음 예상되는 독자들을 설득하자. 이는 무슨 용기만으로 될 일 아니다. 읽는 이를 눈물 흘리게 할지 눈살 찌푸리게 할지는 작가 손에 달렸다.

※ 라이언 홀리데이, 유정식 옮김, 『창작의 블랙홀을 건너는 크리에이터를 위한 안내서』(흐름출판, 2019)

06
✸
✸

롸이트 클럽의 규칙은
다음과 같다

'롸이트 클럽'이란 이름의 글쓰기 모임을 운영한 적 있다. 데이비드 핀처 감독의 영화 〈파이트 클럽〉(1999)에서 영감을 얻어 '몸으로 쓰기'를 표방한 프로그램이었다. 영화 속 타일러 더든(브래드 피트 분)의 말대로 '은행에 넣어 둔 돈과 모는 차와 지갑의 내용물과 망할 옷가지들이 내가 아닌' 건 알겠는데, 그럼 나는 뭘로 규정되지? 이 물음에 각자의 답을 찾고자 했다. '써 보지 않고 네 자신을 얼마나 알 수 있겠어?'라는 타일러의 외침이 롸이트 클럽을 만든 셈이다. (원래 대사는 '싸워 보지 않고'.)

몸으로 쓰기란 땀 냄새와 눈물 자국을 부끄러워 않는, 흉터를 자랑스러워하는 쓰기다. 타일러도 '흉터 하나 없이 죽기는 싫다'고 말하는데 그것은 타성을 타파하고, 통념에 반기 들고, 나라는 구체제를 전복시키는 과정에서 생성되는 증표라 할 수 있다. 적잖은 회원들이 내밀한 고백을 들려줬고 일부는 치부를 드러내길 두려워하지 않았다. 아니, 두려웠으리라. 하지만 글을 쓰는 순간만큼은 셔츠와 신발은 물론* 두려움까지 벗어 던졌는지 모른다. 다시 옷을 걸치고 신을 신고 어쩌면 두려움, 망설임, 괴로움과 계속해서 함께할 테지만 이 육체의 술회는 상처를 아물게 하는 것과 별개로, 갖고 있던 흉터를 더욱 아름답게 가꿔 줄 것이다. 쓰는 사람끼리만 알아보는 표식처럼.

"네가 아는 건 다 날려 버려. 네가 아는 걸 잊어. 그게 문제니까. 인생과 우정에 관해 네가 안다고 생각하는 걸 무시하라고."

타일러는 설파한다. 극 중 화자에게 건네는 삶의 고언인데 글쓰기 조언으로 치환해도 이상하지 않다. 물론 이를 그대로 따르기란 '몰고 있던 자동차 핸들에서 양손을 떼는 것'만큼이나 어렵다. 당장 다 버리진 못해도 일단 시도해 보자. 완전히 잊고 무시할 순 없겠으나 조금은 노력해 볼 일이다. 그래야 뻔하지 않은 글이 나온다. 모든 페이지가 참신성으로 도배될 필요 없지만, 그러기도 힘들지만 처음부터 포기하는 것과 해 보고 받아들이는 것에는 차이가 있다. 빗길을 질주하던 세단 안에서 타일러와 화자는 운전대를 놓아 버리고 결국 자동차는 추돌사고와 함께 도로 밖으로 추락한다. 다행히 목숨들은 건지는데 이때 부서진 차량을 빠져나오며 타일러가 하는 말이 압권이다. "우리 방금 진짜 삶의 문턱까지 갔어!" 죽음의 문턱도 아니고 삶의 문턱이다. '진짜 글의 문턱'은 무엇일지 자못 궁금하다.

서론의 질문으로 돌아가 보자. 무엇이 나라는 존재를 규정하는가. 답은 나와 있고 아직 열려 있다. 그것은 글이라는 우주이면서 그 안의 무수한 행성들이다. 몇몇 유명인은 '일의 성공과 개인의 성공은 다르다' 했고 '일 따위를 삶의 보람으로 삼지 마라'란 제목의 교양서도 있더라만, 그 일이 곧 글이라면 약간은 다른 해석도 가능하겠다.

어떤 사람이 혼자 일한다면, 그 일이 바로 그 사람이 된다. 그는 사업상의 자산이나 지적 재산만 갖는 것이 아니라 평판, 업적, 실패 등 사업을 하는 과정에서 배운 모든 것을 갖는다. 항상 혼자 일하는 작가로서 그런 배움이야말로 경제적인 불안정 속에서도 계속 책을 쓰게 만드는 힘이다. 내 책이 베스트셀러가 될 가능성은 극히 미미하고 경제적인 보상은 대단치 않으며 일 자체는 고통스러울 수도 있다. 하지만 가장 중요한 것은 쓰레기도 보물도 모든 것이 온전히 내 것이라는 점이다. 책을 판매한 수입이나 책 표지에 쓰인 내 이름에서 느끼는 짜릿함보다는 그것이야말로 내가 일에서 얻는 이득이다.**

롸이트 클럽에 맞게 변형한, 파이트 클럽의 일곱 번째 룰을 소개하며 글을 마친다. 규칙은 다음과 같다. '써야 하는 한 계속해서 쓴다.' (Writing will go on as long as they have to.) 더 이상 쓸 필요가 없을 때까지. 할 수 있는 한 끝까지.

---

* 파이트 클럽 규칙 제6조: 셔츠와 신발은 벗는다(No shirts, No shoes.)
** 데이비드 색스, 이승연 옮김, 『사장의 탄생』(어크로스, 2021)

07
❋
❋

습관,
들이기와 버리기

 이번 챕터에선 좀 더 실질적인 작법의 팁들에 대해 살펴보겠다. 글쓰기 수업을 하며 학생들에게 강조하는 것이 두 가지 있다. 쓰는 습관을 들여라, 그리고 습관처럼 쓰지 마라.

 쓰는 습관을 들이라는 얘기는 '막' 쓰라는 얘기다. 습관의 핵심은 되풀이인데 한정된 시간 안에 어느 정도의 양을 확보하려면 이것지것 재지 말고 되는 대로 쓰는 자세가 필요하다. 생각을 글로 받아 적을 수도 있지만 반대로 펜이 사고(思考)를 이끄는 것도 가능하다. 쓰다 보면 서로가 엎

치락뒤치락, 앞서거니 뒤서거니 하다 결국 단초가 뭐였는지 모를 글의 타래들이 완성되기도 한다. 이렇게 생각, 감정, 기억, 견해 등을 활자화하는 것이 중요한 이유는 그것이 우리 몸 안에서 보이지 않는 에너지로 흐를 때와 밖으로 나와 문자의 형태로 구현되었을 때 그 차이가 상당하기 때문이다. 처음 걸 제대로 옮긴 게 맞나 싶을 만큼 아예 다른 이미지와 아이디어가 나오는 경우도 흔하다. 이 점을 확인하기 위해서라도 써야만 한다. 지금 머릿속에서 드는 생각을 실시간으로 디스플레이해 주는 장치가 없는 이상에야 손, 발, 입, 눈, 혹은 여타의 신체 기관을 이용해 남에게—더불어 나에게—전달될 수 있는 형태로 변환할 필요가 있다. 스스로 생각지도 못한 결과물이 나왔다 해도 문제 될 건 없다. 원래 뜻한 바라고 기억을 수정하거나 새로운 발견이라고 인정하거나, 둘 다 싫으면 버리면 되기 때문이다. 어떤 선택을 하건 일단은 끄집어내야 가능한 얘기다.

이렇게 '쓰세요, 무작정 쓰세요'라고 하면 대개 이런 푸념의 소리가 돌아온다. 쓸 게 없어요. 뭘 쓸지를 모르겠어요…. 이해한다. 옷장이 옷을 토해 내도 입을 만한 게 없을 수 있고, 찬거리가 넘쳐나는데 오늘 저녁 뭐 해야 되나 고민할 수 있다. 기왕이면 잘 꾸미고 싶고, 잘 챙겨 먹(이)고 싶은 마음에서다. 마찬가지로 쓰(려)는 입장에서도 모자란 글감보다는 넘치는 생각을 걱정해야 할는지 모른다. 작정을 하지 말라는 이유가 그래서다. 지나치게 헤아려 결정할 거 없다. 무슨 소재든 좋다. 오늘 만난 사람에 대해 쓰고, 없으면 어제 만난 사람에 대해 써라. 낮에 먹은 음식에 관해 쓰고, 굶었다면 공복에 관해 쓰면 된다. '나'에 대해 쓰고, 쓸 게 없다면 '도무지 쓸 게 없는 나라는 인간'에 대해 써 보자.

실컷 습관을 들이게 해 놓고 습관처럼 쓰지 말라는 건 무슨 소린가. 우선 전자의 습관과 후자의 그것이 동일하지 않다는 점부터 밝혀야겠다. 처음의 내용이 반복 훈련을 다룬다면 이어지는 조언은 실전 연습에 관한 것이다. 두려움을 잠시 내려놓는 것과 다시 받아들이는 것의 차이도 있다. 두려움을 가져야 할 대상은 다름 아닌 독자다. 나만 보는 비밀 일기를 쓰지 않는 이상에야 어느 정도의 속박, 제한, 금기는 불가피하다.

익숙함에 젖어 나오는 말, 자동완성처럼 쓰이는 글들엔

뭐가 있을까. "이거는 진짜 공개 안 하려고 했는데…" 공개하고 싶어 안달 난 거 다 안다. "이 동네 ○○○ 파는 가게가 없는데…" 블로거들의 단골 거짓 멘트다. "이러는 거 전 세계에서 대한민국밖에 없을 듯!" 한국 외 어느 나라 사정을 아는지 묻고 싶다. 보통 용기와 희생이 아닌, 상당한 신체적 능력까지 요구되는 선행을 한 뒤 '누구나 그 상황이면 똑같이 행동했을 거'라고 소감을 밝히는 것도 비슷한 범주다. 겸손은 이해하나 상투적이란 인상 또한 지울 수 없다. '누구나'에도 들지 못하는 사람은 괜히 뜨끔해진다.

줄이고 버려야 할 표현들, 주의를 요하는 어법들이 더 있을 것이다. 더불어 쓰는 습관에서 문제없다고 여겨지는 사항들도 한 번은 의심하고 점검해 보아야 한다. 인터넷에 떠도는 얘기들, 심지어 유명인의 저서에 담긴 주장들이 처음부터 진실을 왜곡했거나 시대의 변화에 따라 그 정당성을 상실했을 수 있기 때문이다. 습관의 축적도 타파도 모두 중요하다. 무너뜨리기 위해선 쌓아야 하고, 축조 다음엔 해체가 필수다. 물론 이것이 등가적으로 진행되는, 무의미한 되풀이일 순 없다. 없고 덜어 내고 그렇게 다지다 보면 어느새 단단하게 남은 무언가를 발견할 수 있을 것이다. 그것을 나는 작가의 스타일이라 부른다. 그리고 그 개성은 좋고(善) 나쁨이 아닌 좋고(好) 싫음의 영역이다. 당신의 좋은 버릇, 독자가 사랑할 습관의 탄생을 기대한다.

08

인간의 헛됨을
이해하려거든

  글쓰기가 어렵다는 하소연을 종종 듣는다. 개중에는 '괴롭다'는 이들도 적지 않다. 그때마다 '아이고, 저런…'이란 감탄사로 고민들을 맞이하지만 종국에 내가 전하는 핵심은, 어느 영화 속 대사를 빌리자면 이거다. "글쓰기는 고통이야, 몰랐어?"

  '신나는 글쓰기'를 외치는 목소리가 있는 줄 안다. 어린이 글짓기 교실 같은 데선 해 봄 직한 시도다. 이른 나이에 인생의 쓴맛을 일깨워 줄 필요는 없기 때문이다. 어차피 크면 알게 될 텐데 잠깐이라도 행복해야지. 아, 그렇다고 저 괴로워하는 어른들이 행복하지 않다는 얘기는 아니다. 괴로운 가운데 즐거울 수 있고, 불안과 절망 속에 희열을 발견하기도 한다. 한마디로 변태들이다.

"힘들다면서 왜 붙잡고 있는 거죠?" 고민을 털어놓는 글쓰기 모임 멤버에게 물었다. (무슨 변태도 아니고, 란 말은 당연히 뺐다.) 매번 끙끙대며 에세이 과제를 완성하는 그였다. 블로그도 운영한다는데 따로 수익 창출을 하는 것 같진 않았다. 보고서, 이메일 작성 잘하고 카톡 및 문자 예절만 제대로 지켜도 쓰기와 관련해선 사는 데 지장이 없을 텐데, 왜 그런 '인고의 쓰기'를 지속하는 걸까?

"글쎄요, 감정의 정화? 치유?…" 처음엔 어떤 정답을 찾으려던 그는 이내 '멋있게 보이고 싶다'는 고백을 들려주었다. 쓰는 자신이 좋다는 술회가 뒤를 이었다. 대답은 '다 아니고 그냥 모르겠다'는 말로 마무리됐지만 나는 알 수 있었다. 그는 그냥, 왠지 모를 이유로, 딱히 그래야 함이 없었기에 글쓰기를 사랑했다.

쓰는 자라면 으레 다음 질문에 직면하기 마련이다. 나는 어째서 이 얘기를 하고 있는가. 누가 물어나 봤나. 시쳇말로 '안물안궁'(안 물어봤고 안 궁금함)이 떠오르기도 하는데 이를 돌려세우는 법은 간단하다. 이것은 대답이 아니라고 응수하는 것이다. 그러니까 '부르는 말' 없이도 '상대가 묻거나 요구하'지 않아도 얼마든지 할 수 있는 것이다.* 아무도 쓰라고 안 했지만 누구도 쓰지 말라고는 안 했으니 못할 이유가 없다. 우리는 딱히 그래야 함이 없기에 글쓰기를 사랑한다.

글쓰기는 놀이가 아니며 반드시 즐거워야 하는 것도 아니다. 노트 위 몸부림은 당연하다. 쉽게 쓰인 듯한 일기에도 고심(苦心)과 고침의 흔적이 숨어 있는 경우 흔하다. 달콤한 고백이건 꿈같은 회상이건 기본적으로 쓰기란 쓰디쓴 고통이다. 좋아 죽을 것 같은 기분도, 딱 죽지 않을 만큼만, 죽도록 고민해서 써야 하는 게 작가다. 블레즈 파스칼은 '인간의 헛됨을 온전히 이해하려거든 사랑의 원인과 결과를 살펴보기만 하면 된다'고 했는데, 이 사랑의 원인과 결과는 글, 문학과도 닮은 구석이 있다. '형언하기 힘든 어떤 것'이며 '끔찍한 결과물'이다. 너무 사소해서 인지조차 되지 않는 그 형언하기 힘든 어떤 것이 세상을 흔든다.**

헛된 인간이 글을 쓴다. 책을 읽는다.

❋ 대답하다 [對答하다]
1. 부르는 말에 응하여 어떤 말을 하다.
2. 상대가 묻거나 요구하는 것에 대하여 해답이나 제 뜻을 말하다.
❋❋ 블레즈 파스칼, 김화영 옮김, 『팡세』(IVP, 2023)

09

말하는 대신 보여 줘라,
이렇게

 당신은 지금, 어렵게 잡은 면접 자리에 와 있다. 삶이 녹록잖은 가운데, 취업을 하느냐 마느냐의 기로다. 그런데 어쩌나. 주차 벌금 미납으로 전날 유치장 신세를 졌고, 거기서 곧장 오느라 옷차림이 엉망이다. 얼굴엔 페인트칠 자국까지 묻은 총체적 난국. 면접관들의 표정이 좋을 리 없다.

 호기로운 자기소개로 분위기를 바꾸는 덴 성공한다. 이어진 몇 개의 질문도 무사히 넘긴다. 마지막으로 임원이 묻는다. "이보게, 누가 셔츠도 갖춰 입지 않고 면접을 보러 왔는데 그 사람을 고용한다면 이유가 뭐겠나?" 이에 당신은 뭐라고 답하겠는가.

눈치채신 분 계시겠지만 이상은 영화*의 한 장면이다. 해당 신에서 내가 떠올린 답변은 '네, 그것은 약점을 상쇄하고도 남을 강점이 있기 때문입니다!'였는데 솔직히 별론 거 안다. 실제였어도 별반 다르진 않았을 듯싶다. 그래서, 우리의 주인공은 뭐라고 대답했냐고?

"바지가 끝내줬나 봅니다."

약점, 강점 같은 추상어 대신 바지라는 눈에 보이고 손으로 만져지는 구체어를 제시했다. 셔츠를 던졌는데 바지로 응수했다. 간결한 문장에 위트까지 곁들였다. 여러모로 임팩트 있는 답변이다.

에세이 수업을 하면서도 강조하는 게 이거다. '말하는 대신 보여 줘라.', '설명보다는 묘사다.' 보여 주기에만 올인하란 뜻은 물론 아니다. 그런데 이런 의식적인 노력이 없으면 수필과는 먼 설명문이 나오기 십상이다. 더불어 글쓰기 팁 하나를 더 얻고자 하는 분은, 위의 호기로운 자기소개에도 주목하기 바란다. 주인공은 왜 늦을 뻔했고 복장이 어째서 이 모양인지를 선제적으로 밝힌다. 마뜩잖은 시선의 면접관들이 묻기 전에 말이다. 궁금하게 만든 다음—이는 부러 한 건 아니겠으나—그것을 해소해 주는 전략이다.

당신은 어떤 대답을 가슴에 품었는지 궁금하다. 임기응변, 순간의 번뜩임이 요구되는 실제 상황이라면 말처럼 쉽지는 않을 게다. 하나 우리의 '쓰기'는 다르다. 타고난 재치, 동물적인 감각 같은 거 없이도 우선 쓰고, 이어서 다듬고 하다 보면 제법 근사한, 적어도 더 나은 결과물에 이르게 된다. 그런 면에서 글쓰기란 시간의 예술이다. 일단 써라. '이 꼴로 면접을 어떻게 가?' 하지 말고 가라. 상대를 자기 페이스로 끌어들여라. 호기심을 유발하고 적절한 타이밍에 터뜨려라. 당신의 끝내주는 바지는 무엇인가.

---

* 윌 스미스 주연, 가브리엘 무치노 감독, 〈행복을 찾아서〉(2006)

10
❋
❋

글로 쓰면
알게 되는 것들

"투우를 보는데 소가 죽은 거야. 다들 환호했지만 한 소년은 경기장 펜스에서 울고 있었지. 나는 그 이유가 늘 궁금했어."

"글로 써 보면 알겠지."

영화 〈트럼보〉(2015)에서, 머릿속을 맴도는 오랜 의문을 털어놓는 주인공에게 동료 작가는 말한다. 글로 써 보면 알게 될 거라고. 자네도 작가면서 그걸 몰라? 하는 투로. 대수롭지 않다는 듯 말했지만 그것은 결코 대수로운 일이 아님을 나는 영화를 보며 생각했다. '정말 글을 쓰면 알게 될까?'에서 시작된 물음은 '그렇게 알게 된 바가 처음에 내가 궁금해했던 그것일까?'를 거쳐 다음의 질문에 이른다. 나는 지금 무엇을 알고 싶어 하는가. 그리고 무엇을 알아야만 하는가.

'그때 이걸 알았더라면!' 하는 후회를 피하기 위해서가 아니다. 나는 '무엇을 알고 싶어 하는지 아는 사람'이 부럽다. 투우 경기장에 흐른 소년의 눈물이든 다른 무엇이든 호기심을 안고 사는 이에게 끌린다. 해소하고 대답해야 할 것들이 있다는 건 좋은 일이다.

우리는 쓰기를 통해 진실을 구하지만, 쓰다 보면 앎이 우리를 발견하기도 한다. 처음 한두 문장에선 잘 드러나지 않는다. 쓰다 보면, 계속해서 써 내려가다 보면 어디선가 빼꼼 고개 내미는 무언가를 발견할지도. 그때 우리의 펜은 낚싯대가 되었다가 뜨개바늘로 변했다가 다시 긴 여정을 돕는 지팡이가 되곤 한다. 지혜의 구원을 향한.

"글이 왜 쓰고 싶지?"

"전 화나는 일이 많아요. 근데 글을 쓸 때 좀 풀리는 거 같아요. 제 마음을 표현하게 된달까요."

"제리, 글쓰기에서도 그걸 해야 돼. 널 화나게 하는 게 뭔지 찾아서. 이야기에 넣는 거."

이번엔 영화 〈호밀밭의 반항아〉(2017)다. 여기서 '화'라는 건 흔히 말하는 분노, 울분, 노여움인 동시에 미치도록 궁금하고 죽도록 알고 싶을 때 이는 감정이기도 하다. 작가 지망생 제리는 원고가 번번이 퇴짜맞는 현실에서 출판사를 이해 못 하고 미워도 하지만, 근원적인 물음은 다음에 자리한다. 본인의 적성과 재능, 그리고 작가로서의 삶의 가능성이다. 영원히 출판을 못 하고, 계속 거절당하며, 아무런 보상이 없다 해도 평생을 글쓰기에 바칠 수 있겠나, 라는 스승의 물음에 그는 당장 답을 하지 못한다. 하지만 이후의 삶은 그 의문을 해소하고 자신만의 정답을 모색하는 과정이었다. 결국 그는 수십 년이 지나 스승에게 편지를 띄운다. '휘트 교수님께. 오래전 물어보셨던 질문에 답합니다. 네, 아무 보상이 없어도 이제 평생 글만 쓰겠어요.'

〈트럼보〉속 대사처럼 그 역시 글로써 깨달은 거라 믿는다. 쓰는 인생을, 씀으로써 답이 되게 만든 것이다. 어떤 호기심은 금방 해결되고 또 어떤 궁금증은 끝내 풀리지 않는 숙제로 남는다. 그 과정에서 글쓰기는 진리 탐색의 도구인 동시에 그 자체로 종착점이 되기도 한다. 우리는 때로 참된 이치, 소중한 가치들을 찾기 위해 글을 쓰지만 그것은 영원히 닿지 못할 다음 페이지가 아니라 내 손때와 잉크 자국이 묻은, 이미 지나온 장들에 있을 가능성이 크다. 그렇다고 앞선 페이지를 성급히 뒤적이는 건 금물이다. 어느 정도의 채움과 익힘은 필수다. 그 숙성의 시간 속에 어렴풋하던 진리가 또렷한 모습을 갖춰 가기 시작한다. 당신이 보지 않는 사이에.

'글 잘 쓰고 있냐'는 인사에 '글이란 원래 잘 안 써지는 거'라며 웃어 보인다. 쉽게 써 내려간 노트는 왠지 내 글이 아닌 것만 같다. 공들여 채운 뒤 무심히 덜어 낸다. 처음부터 욕심과 상념에서 자유로웠던 것처럼. 꿈과 무의식을 떠돌던 영감들을 손끝으로 토해 낸다. 어디로 달아날세라 네모난 활자 안에 가둔다. 이를 해방시킬 수 있는 건 진리의 여신뿐이다. 잊은 채 계속 쓰다 보면 언젠가 나타나 주겠지, 나의 문장들을 몸에 감은 채.

끝으로 두 영화는 실존 인물의 전기를 바탕으로 한다. 〈로마의 휴일〉, 〈빠삐용〉의 시나리오 작가 제임스 돌턴 트럼보, 『호밀밭의 파수꾼』을 쓴 제롬 데이비드 샐린저가 그 주인공이다. 우연히도 이니셜이 J. D.로 같고, 당연하게도 데뷔까지 숱한 거절들을 감내해야 했다.

11
❋
❋

거짓의
진실

"잘 쓰시긴 했는데… 이거, 진짜예요?"

한 학생이 제출한 글쓰기 수업 과제를 보고, 미안하지만 나는 그 진위 여부를 묻지 않을 수 없었다. 말도 안 돼. 정말 저랬다고? 하는 놀람이나 의심은 아니었다. 다만 큰따옴표로 묶인 그의 조언들이 너무 장황했기에, 이걸 다 말로 한 걸까 싶어 고개를 갸웃한 거다. 묘사된 바에 따르면 긴 대화가 이루어지기 힘든 상황이기도 했다.

그가 고백하길, 실제 입 밖으로 낸 건 일부고 나머지는 속으로 한 얘기들이었다. 그러면서 항변하길, 육성으로 내

뱉은 것과 동시에 들었던 생각이니 넓은 의미에서 자신의 말인 셈이었다. 어떤 건 했는지 안 했는지 솔직히 헷갈린다고도 했다. 나는 고개를 끄덕였다.

처음의 질문을 약간 수정해 보자. "이거, 사실이에요?" 여기엔 어떤 대답이 적절할까. 허구와 각색이 가미되었으니 100퍼센트 사실이라고 하긴 어렵겠다. 그럼 '진실이냐'란 물음에는? 이건 좀 애매하다. 진실이기도 하고 아니기도 하다. 무슨 궤변인가 싶겠지만 세상엔 진실이면서 진실이 아닌 이야기, 사실로 일어난 적 없는 진실한 스토리가 존재한다. 이를 이해하기 위해선 사실(事實)과 진실(眞實)의 차이를 짚을 필요가 있는데 전자는 '-이다'를 서술격 조사로 갖는 반면, 후자에는 '-이다'는 물론 '-하다'까지 어울릴 수 있다. 즉, '사실하다'는 안 돼도 '진실하다'는 말이 된다.

이상을 염두에 두고 '하지 않은 말을 했다고 하는 글'의 진실성에 대해 살펴보자. 먼저, 그것은 진실이 아니란 주장이 가능하다. '예술은 진실을 깨닫게 해 주는 거짓말'이란 파블로 피카소의 인터뷰*에 따르면 그렇다. 사람들이 그 진실에 얼마나 다가가느냐와 별개로 예술 자체는 거짓말이란 견해다. (문제의 습작 또한 '문학예술'에 해당함은 물론이다.)

동시에 진실하다는 평가가 있을 수 있다. '이야기의 진실'(story-truth)이라는 측면에서 보자면 말이다. 소설가 팀 오브라이언은 이를 '실제적 진실'(happening-truth)과 다른, 본질적 경험 및 감정적 실체로서의 진실이라고 말한다.** 허구적 요소가 섞였다 해도 독자로 하여금 어떤 진실을 더 생생히 느끼게 했다면 그것은 '진실한 이야기'가 될 수 있다. '사실이다'에서 사실이 개별 관찰자와 무관하게 독립적으로 존재한다면 '진실하다'에서 진실은 사람들에게 어떻게 받아들여지는가에 따라 의미를 달리하기도 한다. 피카소가 논한, 예술이 일깨워 준다는 진실도 우리의 이해를 조건으로 주어지는 진실이다.

그리하여 이야기의 진실이란 있는 그대로의 재현이 아닌, 있음 직한 재구성으로부터 말미암는다. 소설뿐 아니라 에세이에서도 마찬가지다. 논픽션이라 해서 그것이 순도 100퍼센트의 사실을 의미하진 않기 때문이다. 기록 및 기억의 불확실성, 감각의 근본적 한계 등으로 인해 '사실과 다른 것'이 개입될 여지는 얼마든지 있다. 그렇다고 이를 두고 거짓된 글이라 부르진 않는다. 의도적 왜곡이나 지나친 과장이 없는 한 그러하다.

처음의 '진짜냐'는 물음 역시, 무슨 참 거짓을 가려내기 위함은 아니었다. 나는 아무래도 상관없다는 주의다. 어차피 '진실'은 작가가 쥐고 있다. 관건은 그 진실에 독자를 얼마나 진정성 있게 초대하는가다. 다시 피카소의 말을 빌리자면, 예술가는 자신의 거짓말의 진실성(the truthfulness of his lies)을 다른 사람들에게 납득시킬 수 있어야 한다. 장광설과 미사여구에 기댄 현혹이 아니라 적재적소의 언어 사용을 통한 설득이다. 해당 습작생에게 부족한 게 바로 이 점이었다.

그는 실제 대화들만 인용문으로 소개할까 물었지만 나는 꼭 그럴 필요는 없다고 말했다. 그 실제 대화란 걸 정확히 기억하지도 못하는 상황에선 더욱 그랬다. 중요한 건 발화된 문장이든 행간에 숨은 의미든 모든 것이 진실을 위해 복무하고 있다는 작가 스스로의 믿음이다. 이와 관련하여 오브라이언의 다음 얘기가 도움이 될지 모르겠다.

'당신은 인생 속 어딘가 과거와 현재가 교차하는 곳에서 글감을 찾아 가져온다. 기억의 차량이 당신 머릿속의 원형

교차로에 흘러들어 거기서 한동안 맴을 도는데, 그러면 이내 상상이 끼어들고 다 같이 뒤섞이다 차량이 천 갈래의 서로 다른 길로 제 길을 서두른다. 작가로서 당신이 할 수 있는 일은 오직 길 하나를 골라 운전해 가면서 당신에게 닥쳐오는 것들을 그대로 적는 것이다. 그게 진짜 강박이다. 모든 이야기가 그렇다.'***

못다 한 첨삭을 이로써 대신한다.

---

* Picasso Speaks, The Arts, New York, May 1923
** 팀 오브라이언, 이승학 옮김, 『그들이 가지고 다닌 것들』(섬과달, 2020)
*** 위의 책

12

타인을
사랑하는 방식

"그런데 소설은 왜 읽는 거죠? 어차피 다 지어낸 이야기잖아요."

독서 모임에 관심을 보이는 분이 계시기에 오시라 했더니 대뜸 이런 질문이 돌아온다. '이 세상 자체가 지어낸 건데요, 뭘'이라고 답하려다 책 소개와 모임 자랑으로 대신한다. '재밌으니까'란 말로는 부족했는지 손님은 '네네' 겉대답만 한다. 음, 그러니까 소설을 왜 읽냐면 말이죠….

이에 대한 답은 이미 수도 없이 나와 있다. 당장 구글에 '우리가 소설을 읽는 이유', 'Why do people read novels'라고 쳐 보면 납득할 만한 내용 몇 가지쯤은 금방 찾을 것이다. 유명 소설가들이 밝힌 이유들도 여럿 보인다. 그것들을 이곳에 열거하지는 않을 작정이다. 대신 '인기 있는' 답변 중 하나를 소개하니 소설을 읽음으로써 우리는 타인을 더 잘 이해하게 된다.

"소설은 나 아닌 남이 되어 보는 유일한 통로다." 문학잡지에 실린 어느 서점인의 인터뷰를 보다가 고개가 갸웃해진다. 꼭 소설이어야 할 필요가 있나? 영화나 연극은 왜 안 되지? 또 어떤 책에서는 '세상이 무수히 많은 주인공들로 이루어져 있음을 알기 위해' 소설을 읽어야 한다는데 에세이로는 힘들까? 문학 외 역사는? 여기에 관해서는 아리스토텔레스가 힌트를 주긴 했다. 그가 『시학』에서 읊은 바, 역사는 '일어난 일들'을 기술하고 문학은 '일어날 법한 일들'을 보여 준다. 역사, 전기(傳記), 에세이에 비해 서사 예술은 수용자로 하여금 더 큰 상상력을 발휘하게 만든다. 그 중에서도 소설은 텍스트 곳곳의 여백과 간극을 메우는 데 읽는 이의 독자적인 호흡을 요구한다. 영화가 프레임의 예술이고 연극의 생명이 실시간성에 있는 것과 다르다. 소설 독자 입장에서는 보다 능동적이고 적극적인 개입을 하는 셈이다.

그럼에도 의문은 남는다. 소설이 타인의 자리에 서 보는 —'유일한'까지는 아니어도—가장 효과적인 방법 중 하나임을 인정했을 때, 그것이 반드시 이해로 이어지느냐 하는 점이다. 더 궁극적으로는 '이해를 목표로 해야만 하는가'이다. 누구는 '당사자 외에는 결코 이해하기 힘든 일들에 대해 함부로 말하지 않기 위해' 소설을 읽는다는데, 글쎄다. 소설을 아무리 읽은들 당사자 되기란, 더불어 완벽한 이해란 불가능하다. 이해를 하건 못 하건 '함부로 말하지 않'아야 하는 것 또한 당연하다.

"음, 저로선 받아들이기 힘드네요."

독서 모임에서 퀴어 소설을 다룬 적 있다. 한 참가자의 발언에 몇몇이 턱을 주억였다. 일부는 다른 장면들에서 고개를 내저었다. 비판은 주인공의 성소수자라는 정체성에 기인한 것이 아니었다. 서술과 묘사가 문제인 까닭이었다. 마무리 감상평에서 자신과 다른 성적 지향을 '이해'한다는 사람은 없었다. 이해를 하고 말고는 문제가 아니었는지도 모른다. 소설가는 정답을 내놓는 대신 질문을 던지는 존재라는 말이 떠올랐다.

이언 매큐언의 지적대로, 자신이 아닌 다른 사람이 된다는 것이 어떤 느낌일지 상상하는 일은 인간성의 핵심이다. 연민의 본질이며 도덕성의 시작이다.* 소설은 이 상상을 돕는다. 잠시 타인이 되는 동안 스스로 판단하게 한다. 이해와 설득이 목적이었다면 이렇듯 '혼란스러운 방식'은 아니었을 테다. 좋은 문학은 독자에게 격렬한 감정과 불안과 당혹을 불러일으킨다. 전통적인 경건함에 대한 불신을 조장하고 개인의 자기방어적 계략을 깨부순다.** 이러한 연유로 소설은 신념의 유예지이자 감수성의 훈련장으로 기능한다. 덕분에 우리는 완벽히는 이해할 수 없는 타자를 안전하게 응시하고 그 안에서 공존의 가능성을 타진한다.

지어낸 이야기 왜 읽냐던 손님은—순수한 궁금증이었으리라—그 주 모임에 모습을 드러냈다. 그러고는 작품 속 인물들의 행위에 대해 의문을 제기했다. 신랄한 비판도 있었다. 같은 장면을 두고 누군 또 아무렇지 않아 했는데 이를 공감 능력의 차이라 보진 않는다. 이해보다 중요한 것은, 적어도 선행되어야 할 바는 관찰과 경청이다. 우리는 균열의 가장자리를 확인함으로써 자신의 영토를 확보한다. 읽기를 통한 타자 되기란 항구적 전환 아닌, 간헐적이면서 지속적인 시도다. 지평은 언제든 넓어질 수 있다. 소설이 타인을 사랑하는 방식이라면 타인은 '내 안의 다른 나'를 포함한다. 무엇보다 사랑은 이해에 앞선 감각이며 한 번으로 끝낼 일이 아니다.

* 이언 매큐언, 'Only love and then oblivion', 「The Guardian」, 2001.09.15.
** 마사 C. 누스바움, 박용준 옮김, 『시적 정의』(궁리, 2024)

13
❃
❃

인간의 본성을
알고자 하는 태도

 책을 읽던 중 한 문장이 눈을 붙든다. '완벽한 글쓰기의 기술을 추구하는 데 따라야 할 규칙은 무엇인가?' 작법서도 아닌 책에서 이런 구절을 보니 괜히 더 반갑다. 늘 그렇듯 솔깃하다. 글은 프랑스 작가 D. A. F. 드 사드가 쓴 『사랑의 죄악』 중 일부로, 「소설에 관한 견해」를 제목으로 한다.

 고로 위의 '글쓰기'도 소설에 관한 얘기다. 소설가라면 읽어 볼 만하다. 에세이스트는? 마찬가지로 귀 기울일 구석 있다. 장르 불문, 쓰기는 쓰기다. 사드는 소설의 쓸모를 묻는 자들에게 그럼 초상화는 왜 그리는 거냐 되물으며 그

유용성을 증명한다. 그 과정에서 정의하는 바, 소설은 시대상 및 인간 군상의 현시이다. 관건은 이를 얼마나 적나라하게 드러내느냐로, 사드에 따르면 '인간이 가면을 벗은 때를 포착'하는 일이 중요하다. 인간의 본성을 알고자 하는 철학자에게, 소설이 역사만큼이나 필수불가결하면서 동시에 더 많은 것을 전해 주는 이유가 여기 있다. 소설가의 펜과 달리 역사가의 끝은 '야망과 오만에 가려진' 인간을 새길 뿐이다.

인간 본성을 알고자 하는 철학자는 읽는 동시에 쓰는 존재다. 더불어 수필가의 펜은, 인간의 내면을 그린다는 점에서 소설가의 그것과 닮았다. 물론 같을 수는 없다. 소설이 가공의 인물을 내세우는 반면 에세이는 그렇지 않은 까닭이다. 주인공의 주장과 행동이 문제시될 때, 아무래도 에세이가 빠져나갈 구멍이 작다. 어디 숨기 어렵다. 그래서 에세이 쓰기에는 얼마간의 위험이 도사린다. 무릎 쓸 것인가 무릎 꿇을 것인가. 다행인 점은 양자택일의 문제는 아니란 사실이다. 적당히 과감하면서 적절히 신중할 수 있다. 솔직함은 작가의 미덕이지만 늘 그런 것만은 아니다. 속으로 얼마든지 할 수 있는 생각도 입 밖으로 내면

위험하거나 곤란해지는 경우가 있다. 사인(私人)의 실명을 거론하는 일은 신중해야 하며, 때로는 상대가 유추하여 오해하지 않도록 기억을 재배치하는 작업이 필요할지 모른다.

그러면 사실이 아니지 않냐고? 에세이의 창시자 미셸 드 몽테뉴는 말한다. '마음의 움직임을 탐구해 보는 자리에서는 허구의 증언일지라도 개연성만 있다면 진실한 증언과 마찬가지로 쓰임새가 있다. 일어난 일이건 일어나지 않은 일이건, 그것은 항상 인간에게 일어날 수 있는 일의 한 예이며 그 덕분에 나는 인간의 가능성에 대해 유용한 것을 알게 된다. 나는 그림자에서건 실체에서건 그것을 보고 나름대로 이용한다.'* 우리의 에세이가 몽테뉴의 기준을 통과하지 못할 이유는 없어 보인다. 개연성만 확보된다면 말이다. 이 요건은 사드가 소설 작법에서 강조하는 '사실임 직함'(vraisemblance)과 상통하며 '마음의 움직임을 탐구해 보는' 행위는 '인간의 본성을 알고자 하는' 태도에 맞닿아 있다.

글이 구도(求道)의 도구가 되어 주리란 욕심을 버리지 못한다. 나 같은 욕심쟁이들을 모아 함께 읽고 쓰고 떠든다. 글이 사람으로 가는 길이길 바라며 그 위에선 얼마든지 헤매도 좋다는 생각을 한다. 가면 쓴 이들을 거울삼아 내 볼을 더듬는다. 어쩔 수 없는 가면이 있다는 걸 안다. 몽테뉴도 사드와 비슷하게 '가면을 떼어 내는 일'의 중요성을 설파했지만 치장과 겉치레, 그 '태연자약한 얼굴'은 우리의 마지막 배역까지 이어진다. 로마의 시인 루크레티우스가 노래했듯 '오로지 그 순간이 되어서야 진실한 언어가 가슴 밑바닥에서 나오며 가면은 벗겨지고, 참모습이 남게 된다.'** 그 순간은 다름 아닌 죽음이다.

진실한 언어와 참모습을 확인하겠다고 죽음에 이를 순 없는 노릇. 이때 쓰기가 역할을 한다. 글에서는 뭐든 가능하다. 뭐든 하고 싶어 하는 사람들을 불러 놓고 글쓰기를 가르친다. 매 수업 전, 과거 사드가 했던 걱정을 떠올린다. 내가 훌륭한 작품을 쓰는 법을 안다고 말하는 일이, 그것을 쓰지 못한 상황에서는 이중의 죄악이 되는 게 아닐까? 그러면서 사드가 했던 결심에 묻어간다. 예술 앞에 쓸데없는 생각들은 접어 두기로 한다. 글쓰기를 사랑하는 이들에게 그것을 더 사랑하는 법을 알려 준다. 두려움이 없었다면 조금 생기는 것도 나쁘지만은 않으리라. 훌륭한 작품은 언제가 될지 모르지만 쓰는 당신은 이미 훌륭하다고 말해 준다. 이 이야기는 충분히 사실임 직하다.

* 미셸 에켐 드 몽테뉴, 심민화·최권행 옮김, 『에세1』(민음사, 2022)
** 위의 책

Ⅲ

유토피아와
기이한 영토

01
❋
❋

천재지변이 일어나지 않는 한 이것을 해야 한다

 버는 거 없이 쓰는 거만 많은 요즘이다. 『파는 것이 인간이다』란 책을 봤는데 아무래도 내게 더 어울릴 제목은 '사는 것이 인간이다' 쪽이지 싶다. 흔히 '당신이 먹은 것이 당신을 말해 준다'(You are what you eat)고 하는 것처럼 우리는 '소비'를 통해서도 그 사람을 이해하고 설명할 수 있다. 어디 어떻게 '왜' 돈을 쓰는지를 보고.

 최종 지불 단계에서 고려할 사항은 여러 가지다. 가격, 품질 등 객관적 지표도 중요하고 취향, 가심비 등 주관적 요소도 무시 못 한다. 나머지 조건들이 비슷하다고 가정했을 때 당신의 지갑을 열게 하는 결정적 요인은 무엇인가. 아니면 다른 결점에도 불구하고 그것을 선택하게 만드는 특별한 기준이 존재하는가.

내 경우, 생뚱맞게 들릴지 모르겠으나 판매자의 '글'에 영향을 받는 편이다. 못 쓴다고 막 꺼려지진 않는데 잘 쓰면 확실히 끌린다. 감각적인 카피나 현란한 세일즈 수사를 말하는 게 아니다. 중요한 건 자기 이야기를 하느냐다. 예쁘고 완벽한 문장일 필요 없다. 글쓰기에 신경을 쓰는구나, 소비자와의 소통에 진심이구나, 하는 정도만 느껴져도 내 기준 오케이다.

'글'과 관련이 없거나 적어 보이는 시장일수록 이 점 크게 다가온다. 제품차별화가 덜한 비품, 소모품 등의 구매 시, 청소, 수리 같은 서비스 이용 시 그렇다. 밥집, 반찬가게를 고를 때조차 가게 소개 및 메뉴 설명이 맛깔나는 곳에 눈길이 먼저 간다. 그것은 블로그 홍보 글일 수도, 사장님의 리뷰 답변일 수도, 오프라인 매장에 붙은 이용안내문일 수도 있다. 나는 여기서 소상공인의 철학과 업(業)에 대한 태도를 읽는다. 투박할지언정 정성을 담기에 모자람 없는 문장을 가끔 만난다. 유행하는 릴스, 쇼츠를 통해 자신의 부지런함을 증명하는 사장님도 많지만 그래도 내게는 텍스트가 먼저다. 상대적으로 누구나 손쉽게 접근할 수 있는 글쓰기가 그만큼 더 근본적이고 직관적인 행위라 믿기 때문이다. 펜과 종이의 세계엔 날것 그대로의 정서가 여전히 존재한다.

앞서 임의로 시장을 나누었지만 이는 오만 혹은 우매한 시도였음을 인정한다. 무슨 출판가, 법조계, 콘텐츠 비즈니스 분야 같은 곳만 글과 친하고 또 그래야만 하는 건 아니다. 일에서든 삶에서든 글쓰기와 무관한 지점을 찾기란 불가능하다. 소설가 팀 오브라이언은 『아빠의 어쩌면책』이란 수필집에서 두 아들에게 '천재지변이 일어나지 않는 한 반드시 글을 써야만 할 것'이라고 강조한다. 고등학교, 대학교에 가서는 물론 성인이 되어서도 글쓰기는 피할 수 없음을 덧붙인다. 학창 시절 이러한 진실을 체감한 계기가 있는데, 대외 활동을 통해 한 중년 남성 무리를 만났을 때였다. 그분들은 나를 포함한 학생들에게 글쓰기의 어려움에 관해 토로했고 나는 그 장면에서 다음의 생각을 했더랬다. '아저씨들이 왜 글쓰기 걱정을 하지? 그런 거 신경 안 써도 다들 벌 만큼 벌면서 사시는 거 같은데?' 돌이켜 보면 순진한 생각이 아닐 수 없다. 그때의 아저씨들보다 재력은 별로면서 그렇다고 필력이 유별난 것 같지도 않은 나는, 여전히 잘 쓰고 잘 사는 길을 찾아 헤매는 중이다. 서두에 '버는 거 없이 쓰는 거만 많'다고 했는데, 글감 좀 벌었음 좋겠다. 영감이 벌렸음 좋겠다. 사람과 사랑을 실컷 벌 수 있다면 소원이 없겠다. 더불어 쓰는 능력이 늘어나기를, 쓰는 의지가 삶에 충만하기를 기도한다. '쓰는 것이 인간이다'란 문장이 머리를 스친다.

02

낭만의
노래

 언제부턴가 '낭만'이란 키워드가 내 SNS 알고리즘을 점령하기 시작했다. 물결 랑(浪)에 넘칠 만(漫). 그야말로 가슴 일렁이게 하는 이야기들이 인스타의 바다에 격자무늬 그물을 드리운다. 시 한 수에 인생을 녹여 내는 어부, 클래식 버스킹으로 세계를 떠도는 방랑자, 신혼여행 대신 오지 봉사를 떠난 부부까지, 시대의 돈키호테들은 오늘도 낭만을 노래한다.

 그 가락에 누군가 장단을 맞춘다. 같이 무대로 올라서기도 하지만 대개는 객석에 남아 고개를 까딱이는 게 전부다. 결과론과 현실주의의 신봉자인 그들은 그 반대편에 선 낭만의 구현자들을 향해 간헐적인 박수를 보낼 뿐이다. 그 지지마저 언제든 거둬들일 수 있다는 자세로.

'아주 생활인 다 되셨네요.'

낭만 콘텐츠로 유명한 유튜버의 영상에 댓글이 달렸다. 돈, 나이 생각 않고 꿈, 열정을 좇는 모습이 보기 좋았는데 어느 순간 현실에 물들었다는 거다. 그래서 실망 이상의 배신감이 들었단다. 순진한 동시에 이기적 구독자다. 속세에 발 담근 채 남의 세속화를 탓하니 말이다. '낭만 크리에이터'들을 현실주의의 대척점에 둔 것도 이들인지 모른다. 현실에서 잠시 떨어질 순 있어도 아예 떠날 순 없다. 사회의 굴레를 벗어던진대도 조금은 걸치고 있기 마련이다. 순수한 줄 알았는데 영악했다고, 우직하다 믿었는데 계산적이었다고 지적할 일 아니다.

사라져 가는 것들을 붙잡고 싶은 마음, 모르지 않는다. 가객 최백호도 '잃어버린 것에 대하여' 짙은 아쉬움을 내비치지 않았던가. 다만 오늘날 젊은 세대에게 어떤 낭만이란, 잃어버린 것이 아닐 수도 있음을 생각한다. 애초 가져 본 적 없기에 잃어버릴 수도 없는 것이다. 지금의 10대,

20대에게 레트로가 복고 아닌 신문물인 것과 같은 이치다. 그중 일부는 낭만을 밈으로만 소비할 뿐 그 주체가 되기를 꺼린다. 해시태그 #낭만 피드에 '좋아요'를 누르며 대리 만족에 만족한다. 이따금 낭만에 취한 제 모습을 찍어 올린다. 낭만은 인스타 릴스 사이즈다.

진짜는 어디에 있는가. 야만 말고 객기 아닌 진정한 낭만. '살아남은 강한 자' 중 어떤 이는 과거를 미화하고, 젊은이들 가운데 일부는 거기 찬동할지 모른다. 반대로 너무 지나치거나 모자라다는 이유로 상대의 그것을 가짜 취급하는 경우도 있을 터이다. 문화적 빈곤, 의식의 결여 등을 문제 삼으며 각자의 우월감 속에 지내는 것이다. 미안하지만 다 틀렸다. 감히 말하는 바, 진정한 낭만파는 비교하지 않는다. 모르면서 아는 척하지 않는다. 남의 것을 탐내지도 자기 것을 강요하지도 않는다. 그저 순간이 영원할 것처럼, 몸으로 삶을 살아 낼 뿐이다.

당신은 지금 어디에 있는가. 격자 그물을 빠져나와 낭만의 파도에 뛰어들 준비되어 있는가. 이미 마음껏 유영 중인가 아니면 육지에 안착했는가. 어느 쪽이든 좋다. 격랑과 평안을 오갈 당신을 응원한다. 자신만의 호흡법을 지켜

나가길, 모쪼록 그대 심장이 낭만 그리고 로맨스*로 뛰기를 빈다.

* '낭만'은 나쓰메 소세키가 romance를 '로망'(浪漫)으로 음역한 데서 유래한 표현이다.

03
❄
❄

유토피아와
기이한 영토

 소설가 한강의 노벨문학상 수상 소식에 떠오른 건 공교롭게도 '그'의 이름이었다. 같은 외자에 한때 한국인 최초 노벨문학상 후보로 거론되던 작가. 주색(酒色)과 노추(老醜) 외에 다른 설명이 아까운 작자. 어느 시인의 표현을 빌려 'En'.

 위에서 말한 한때, 그 당시엔 우리나라가 노벨문학상을 못 다는 이유로 다음이 꼽혔다. 역설적이게도 한글의 우수성과 독창성이 한국 문학의 세계화에 걸림돌이 된다고 했다. 번역이 여간 까다롭지 않다는 거다. 신문이며 방송이며 심지어 학교 국어 선생님들까지 노란, 노르스름한, 누리끼리한, 누르퉁퉁한… 이 레퍼토리를 반복해 떠들어 댔다. 나는 그것이 변명인 동시에 스스로에게 채우는 족쇄 같았다. 사전을 뒤져 가며 영어로도 얼마든지 표현 가능함을 선생님께 보여 줬다. 돌아온 대답은 이랬다. "얀마, 맛이 다르잖아. 맛이."

그로부터 몇십 년이 흘러 '요리법'이 달라졌는지, 영어 사용자들의 '입맛'이 변했는지 모국어인 한국어로 작품을 쓰는 작가에게 노벨문학상이 돌아갔다. 여기서 요리법은 번역을 말하는데 이마저 '한국어를 독학으로 시작한 영국인'에 의해 이루어졌으니 과거의 핑계는 남아 있던 누르칙칙한 빛마저 잃은 셈이다. 기쁜 소멸, 반가운 퇴장이다. 애당초 과대포장된 'En'의 가능성과 더불어.

롤랑 바르트에 따르면 문학이란 '언어로 도달할 수 있는 가장 이상적인 형태의 유토피아'다. 자크 데리다는 '모든 것을 말할 수 있게 해주는 기이한 영토'라고도 했다.* 그 '유토피아와 기이한 영토'로 우리를 데려다주는 수단이 프랑스어나 영어 등의 한두 가지 언어에 그칠 리 없다. 한국어에서 독일어로 갈아타고, 아랍어에서 일본어로 환승하며 목적지로 나아가야 할 때도 있을 것이다. 우리 승객들이 증인이다.

다양한 언어의 열차들이 유토피아를 누비는 상상을 한다. 그 틈에 뻗어 나간 지평과 확장된 영토를 그린다. 문학은 모든 것을 말할 수 있으며 어떤 언어나 형태로든 발화될 수 있다. 한강을 비롯한 여러 작가들이 그 가능성을 현상으로 증명하고 있다. 박수를 보낸다. 더불어 열차를 운행하는 번역가들에게도.

※ 프랑수아즈 사강, 김남주 옮김, 『슬픔이여 안녕』(아르테, 2023), 역자 해설에서 재인용

04

텍스트는 (왜) 힙한가

 옷을 사면 시집을 준다. 매대엔 백(bag) 대신 책이 진열돼 있다. 팝업 이벤트로 북토크를 여는가 하면, 유튜브 채널에 셀럽들의 낭독 영상을 올리기도 한다. 요즘 패션 브랜드가 '책으로' 마케팅을 하는 방식이다. 독서는 매력적이라는, 이른바 텍스트힙(text hip)의 정서가 깔려 있음은 물론이다.

 출판과 패션이 의외의 조합인 것은 아니다. 글(text)도 직물(textile)도 짜다, 엮다란 뜻의 라틴어 텍세레(texere)에서 파생했다. 그렇기에 짓다, 수놓다, 가닥 등의 여러 표현과 단어들을 공유한다. 가죽은 서책을 묶는 데도 의복을 제작하는 데도 쓰였다. 연결 고리는 또 있다. 두 시장의 주 고객이 2, 30대 여성이라는 사실이다. 적어도 '텍스트힙 마케팅'에 기반해서는 그렇다. 확실히 여자들이 책을 많이 사고, 관련 모임에도 적극적이다. 서점을 운영하며 몸소 느낀 바인데 이는 출판 시장 전체로 봐도 마찬가지다. 패션 산업에서 여성 고객의 비중이 높은 건 말할 것도 없고. 그래서일까. 한 패션 브랜드가 이벤트 참여자들에게 나눠 준 책들을 보는데 그 선정 이유가 짐작이 갔다. 여성 서사를 주로 다루면서 표지엔 그 주인공 여성이 그려진—이를테면 제인 오스틴의 『설득』 같은—책들이었다. 그 이미지를 스스로에게 투사하며 '읽기'와 '입기'를 멋지게 소화해낼, 이상적인 문화 소비자의 모습이 담겨 있었다.

텍스트는 힙한가. 숱한 위기론에도 책, 신문 등의 문자 기반 매체들이 살아남은 걸 보면 글에는 매력 이상의 마력이 있음이 분명하다. 책의 종말은 이제 시대착오적인 얘기가 되어 버렸다. 때문에 '텍스트힙의 풍조'는 일시적 유행이 아닌 유구한 전통인지도 모른다. 인쇄술의 발전으로 대중 독자들이 등장하기 시작한 17~18세기 무렵에도 사람들은 책을 근사하고 멋진 것으로 바라보았다. 문해력이 다소 떨어지더라도 '읽는 행위' 자체를 선망하는 이들이 존재했다.*

왜 하필 '힙'인가 물었을 때 힌트가 여기 있다. 영단어 힙(hip)은 유행에 민감하다는 뜻인 동시에 그것을 거스르는 태도를 나타낸다. 히피(Hippie)가 그렇고 힙스터(Hipster)가 다르지 않다. 트렌드를 거부하는 트렌드, 비주류를 자처하나 주류일 수밖에 없는 운명이라고나 할까. 그 일부 백인들이 아메리카 원주민의 생활양식을 모방한 것이나 흑인 재즈 뮤지션의 정서를 흉내 낸 데는 어느 정도 '척하는' 심리가 담겨 있다. 자기는 아닌 척, 남들과는 다른 척. 간혹 나쁜 쪽으로 변질되었고 때문에 풍자와 조롱의 대상이 되기도 했지만 그들이 보인 저항 정신, 독창성, 자기애만큼은 긍정적으로 평가할 구석이 있다.

책을 상업적으로 소비하기 시작한 과거의 독자나, 텍스트의 매력을 새삼 깨달은 지금의 세대에서도 공통된 면모가 발견된다. 전자는 주변 문맹자들과 다르고자 했고, 후자는 스스로 영상 문법에만 익숙해 있기를 거부했다. 그러면서 '있어 보이는 나'를 대상화했는데 참고로 힙(hip)에는

'의식 있는', '깨어 있는'이란 뜻도 들어 있다. 누군가에겐 텍스트의 향유가 이미지, 비디오, 오디오 등에 비해 후순위일 순 있어도 그 자체로 서브컬처라 하긴 어렵다. 전술한 대로 힙하다는 표현 또한 다층적인 의미를 내포하기에 결국 텍스트힙이란 트렌드이면서 트렌드가 아니다. 이 신조어를 낳게 한 '유튜브 네이티브'들이 다들 책에 빠지건 그렇지 않건, 텍스트는 텍스트로서의 명맥을 유지할 것이다. 시대별로, 세대에 따라 관심의 강도가 달라질지 모르나 그 '힙'함은 영원할 것이다. 세상은 이미 텍스트의 씨실과 날실로 직조돼 있고, 우리의 이야기는 그 캔버스 위에 그려지는 까닭이다.

※ 제임스 레이븐 외, 홍정인 옮김, 『옥스퍼드 책의 역사』(교유서가, 2024)

05

세상을 바꾸는
단어

 말 한마디에 천 냥 빚 갚는다는데 요즘엔 반대로 지게 생겼다. 세상이 달라지면서 세상이 요구하는 말에도 변화가 생긴 탓이다. 까딱 실수했다간 성차별, 인종차별에 장애인 비하나 일삼는 놈으로 낙인찍힐 판이다. 그러니 평소 언어 사용에도 각별한 주의가 필요하다. (근데 '놈'이라고만 해도 괜찮나?) 피곤한 일이다. '왜죠? 당신은 정치적으로 올바르지(Politically Correct) 않나요?'라고, 어디선가 질문인 척 지적이 들어 온다. 정치적 목적으로 선악의 잣대를 들이미는 건 인간적으로 올바르지 못한 행위다. 이게 내 견해다.

'다른 게 아니라 틀린 거'라는 목소리도 필요하지만, 세상엔 여전히 '틀리지 않은 다른 것'들이 많다. 디즈니(Disney)의 백인 캐릭터와 마블(Marvel)의 남성 히어로를 굳이 '고쳐 쓸' 이유가 없다.

소신 발언인 듯하지만 소심(小心) 발언이다. 예전에 '진상 손님' 에피소드를 블로그에 올리는데 그중 몇 번은 인물의 나이와 성별을 바꾼 적 있다. 행여나 편견 있냐는 소리 들을까 봐 신경이 쓰인 거다. 내가 남긴 서평을 보고 누군가 '남성주의적 시각이네요'라고 하자 놀라 반박하던 때도 떠오른다. '이건 작가님 스스로 여성으로서의 고민을 털어놓은 거랍니다.' 인터뷰 내용을 증거로 들이밀던 나는 문득 그런 생각이 들었다. 남성주의가 아닌 '여성주의적 시각'이라는 평가에도 과연 지금과 같은 반응을 보였을까? 모르긴 몰라도 놀라지는 않았을 성싶다.

비정치적인 정치적 올바름도 좋고, 휴머니즘으로서의 페미니즘도 존중한다. 글쓰기 수업을 해 보면 학생들의 다양한 가치관이 노정되곤 하는데 이때 당부하는 것이 하나 있다. 자신의 노선이 어느 쪽이건 일단은 문행일치(文行一致)가 되어야 한다는 점이다. 특정 용어에 집착하거나 무슨 색다른 캐릭터를 집어넣는 것보다 중요한 건, 그 사상에 걸맞은 평소의 행동과 마음가짐이다. 그게 잘 가꾸어졌다면 글에서 얼마든지 티를 내도 좋다. 내길 권한다. 그만큼 말과 인물에 힘이 실릴 것이다. 반대로 '요즘엔 이런 게 먹힌다며?' 하면서 접근했다간 작가가 이야기에 잠식될 공산이 크다. 지은이가 글을 진짜 지었는지 아니면 그저 지어냈는지 독자는 안다.

단어 하나 허투루 넘기지 않는, 필요하다면 낯선 어휘도 과감히 꺼내 드는 저자들을 존경한다. 더 나은 세상을 만들기 위한 그들의 노력과 용기에 박수를 보낸다. 이는 감히 피곤하게 볼 일 아니다. 전술한 바와 같이 평소의 사상이 몸으로 체화만 되었다면 말이다. 문행일치를 염두에 두고 오늘도 쓴다. 피부로 눌러 가며 느껴 가며 새기는 글이, 다시 내 지문을 만든다는 생각으로 쓴다. 말 한마디에 천냥 빚이라고 했는데 글 한 줄, 책 한 권 또한 못지않은 가치를 지녔으리라. 이웃에, 세상에, 자연에 진 빚을 조금이나마 갚을 수 있기를. 진짜의 마음을 담아 단어 하나에서부터 시작해 본다.

06
❋
❋

낮춤말은
격을 낮추지 않는다

 인스타그램에서 사과 영상을 하나 봤다. 자영업자 릴스 계정인데 그 동영상들에서 '반말을 해서 죄송하다'는 게 사과의 골자였다. 자신의 팔로워들과 정답게 소통하려는 목적으로 말을 놓는 게 무슨 잘못인진 모르겠으나 영상 속 그는 정중히 고개를 숙였다. 댓글 반응들은 대개 이랬다. '아니, 싫으면 안 보면 그만이지 왜 굳이 시비를 걸고 그럴까.'

 시비란 표현이 과장이 아닌 것이, 실제로 그 자영업자는 '함부로 반말하는 게 기분 나쁘니 당장 고치고 사과하라'

는 메시지를 심심찮게 받는다고 했다. 사람들이 애써 공격성을 표출하는 거다. 높은 노출성이 전제되는 지상파 방송 등과 달리 이런 숏폼 영상들은 '안 보면 그만'인 경우가 많은데도 말이다. 우리는 요즘 같은 SNS의 홍수에 무방비로 노출되었다고들 하지만 방비책이 전혀 없는 건 아니다. 콘텐츠 숨기기, 차단하기, 관심 없음 설정 등 나름의 노력을 기울여 볼 수 있다.

물론 절이 싫으면 중이 떠나야 한다고 쉽게 말할 일은 아니다. 그러기엔 절이 너무 클 때도 있기 때문이다. 하지만 불편한 게 있거든 자기 자신과 그 주변으로 변화를 꾀해야지 사찰 전체를 뜯어고치겠다는 생각은 환영받기 힘들다. 구성원들의 중지가 아닌 이상에야 자기중심적 사고에 불과하다. 한때 인터넷 자유게시판 등에서 '혼자 있고 싶으니 다들 나가 주세요'라는 말이 개그로 통용되기도 했지만 지금은 이를 다큐로 승화하는 이들이 있는 듯하다.

위의 '반말 릴스'를 문제 삼는 인스타그램 사용자는 과거에도, 비슷한 형태로 존재했었다. 대한민국 언론사상 최장기 칼럼으로 알려진 조선일보 〈이규태 코너〉는 일부 독자들의 항의로 지면에 실리는 캐리커처를 바꿔야 했는데,

불만의 내용은 다음과 같았다. 자기보다 나이 많은 독자들도 보는 마당에 건방지게 곰방대나 꼬나물고 있다는 것이었다. 칼럼니스트는 이를 두고 '어른들로부터 호되게 혼이 났다'고 회고했으나 그 어른들이 지금으로 치면 SNS 빌런들이고 혼을 낸다는 게 곧 악플, 꼰대질이다.

높임말과 낮춤말 그리고 존중의 관계에 대해 생각해 본 계기가 또 하나 있다. 어떤 대회 조직위원회 소속으로 PR 업무를 담당할 때의 일이다. 한 레전드 축구인을 인터뷰하고 그 결과물을 공식 채널 및 네이버 등에 올렸는데 상급 기관의 홍보 책임자로부터 연락이 왔다. 그는 질문이 왜 반말이냐며 경어로 수정할 것을 지시했고, 나는 다소 의아한 가운데 그에 따랐다. 당연한 얘기지만 대담 내용을 반말로 실은 건 기사의 '톤앤매너'를 위해서지 존중을 하고 말고의 문제와는 하등 관계 없었다. 인터뷰어 또한 개인 아닌 기관으로 설정되어 있었기에 낮춤말이 보다 자연스러웠다. 일개 기자가 축구계 어르신에게 감히 말을 놓는 모양새는 아니었던 뜻이다.

무엇보다 내가 갸우뚱한 부분은 앞서 업로드했던 다른 원로의 기사엔 이런 지적이 없었다는 사실이다. 기준이 뭔지 궁금했다. 나이? 업적? 아니면 둘 다? 묻지 않았기에 답은 듣지 못했다. 다만 예상할 수 있는 건 그 '레전드'가 예의 책임자에게 전화를 걸어 '반말 기사'를 문제 삼지는 않았으리란 점이다. 전부터 몇 차례 취재원으로 만나 본 바 그러했다.

한편, 서두의 사장님은 사과와 별개로 '반말 모드'를 유지하겠노라 선언했다. 만일 그가 소수의 지적에 굴복했다면 기존의 팬들마저 잃었을 게 뻔하다. 나 역시 글을 쓰면서 이런저런 갈림길에 서곤 한다. 누군가의 훈수 때문은 아니고 스스로 하는 검열 탓이다. 팬이랄 게 있기라도 하다면 준거의 틀로 삼으련만 지금으로선 요원하기만 하다. 때문에 책에서는 다음 둘만 생각한다. 에세이는 개성이다. 그러면서 반말이다.

07

본질 타령의
본질

 글쓰기 책들을 챙겨 본다. 쓰고 가르치는 일에 도움을 얻기 위함이다. 연애를 글로 배웠어요, 유머를 책에서 배웠어요, 와 달리 글쓰기를 그렇게 익힌다는 건 자연스러운 일이다. 동시에 효과적이다. 취사선택만 적절히 하면.

 무슨 토템처럼 서가에 안치해 둔 책들도 많았다. 광고 문구에 혹해 사다만 놓고 한 번을 펼치지 않은 거다. 그래도 책장을 채운, 책등에 적힌 제목만으로도 그득한 기분이 들곤 했다. 든든했다. '쓰기의 정령'이 곁에서 보살피고 도와줄 것 같았다.

글쓰기 책을 본격적으로 판 건 강의를 시작하면서였다. 그간 체득한 경험칙들을 체계적으로 정리할 필요가 있었다. 이 과정에서 나의 오류 가능성을 지적하는 타인의 사고는 언제든 환영이었다. 많은 도움이 되었다. 책에서 수집한 격언과 사례들을 수업에 활용했다. 출처를 밝혔음은 물론이다.

반면 그것이 무슨 책이었다고 말 못 하는 경우도 있었다. 타산지석, 반면교사로 삼을 때가 그랬다. 미안하고 조심스러웠다. 나처럼 그도 틀릴 수가 있음을 환기하는 정도로 접근했다. 일례로 피동형 피하고, 부사 줄이고, 단문 위주로 쓰라는 팁들을 학생들 앞에서 논박하는데 그 내용이 실린 책들을 소개할 건 없었다. (상기 조언이 전적으로 틀렸다는 얘기는 아니다. 반대로 하는 것이 자연스러우며 글맛이 사는 데다 때로는 꼭 필요한 상황인데도 기존의 '철칙'을 강요하는 태도들을 비판한 것이다. 예시들 또한 매우 작위적이었다.)

그 밖에 몇몇 글쓰기 책, 특히 국내 작가들이 쓴 책에서 만나는, 고개가 갸웃해지는 대목이 있다. '본질'에 대한 지나친 강조다. 안다. 무엇의 중요성은 아무리 강조해도 지나치지 않다. 그럼에도 내가 지나치다고 한 건 거기엔 꼭 이런 비교들이 덧붙기 때문이다. '잘 쓰는지가 아니라 왜 쓰는지가 중요하다', '기술과 방법은 부차적인 것이다. 핵심은 따로 있다', '논리와 수사를 익힐 시간에 내면의 소리에 귀 기울여라' 따위의 말들인데 요약하면 '본질은 기술에 앞선다'는 주장이다. 본질 만만세.

이런 걸 보면 우리나라 사람들은 확실히 혼, 정신, 근원, 본질 같은 것들에 높은 가치를 부여한다는 인상이다. 최소한 심정적으로 끌리는 건 맞는 듯하다. 기술, 재주, 도구, 현상 등에 비해 말이다. 사농공상의 관념이 남아 있기라도 한 건지 예를 들어 같은 정치라도 '정치 공학'적으로 뭘 했다고 하면 비난받기 쉽지만 '정치 철학' 운운하면 뭐 있어 보인다.

이 '지나친 강조'는 외국 작가가 쓴 책에서도 발견된다. 다만 저자의 주장이 아니라 국내 문인의 추천사라는 게 다른 점이다. 강조는 지나쳤을 뿐 그릇된 것이 아님을 주지하며 해당 리뷰를 살펴보도록 하자. 원뜻을 왜곡 않는 선에서 최소한의 윤문이 있었음을 밝힌다. 추천의 말은 다음과 같다. '이 책은 어떻게 하면 잘 쓸 수 있는지를 알려 주는 대신 자기 목소리를 내도 좋다고 말한다.'

그의 설명과 다르게 책은 글 잘 쓰는 법을 아주 제대로 보여 준다. 과제 및 훈련법 안내는 덤이다. 자기 고백의 중요성, 목소리 내기의 필요성에 대한 역설이 물론 없지 않다. 어쩌면, 아니 분명 더 큰 비중이다. 그렇다고 추천인처럼 기술적인 측면을 '중요하지 않'다거나 '소용없고 부질없는' 것 취급하며 그 위에 '쓰기의 본질'을 올려 놓지는 않는다. 아마존(amazon.com) 책 소개 첫머리만 봐도* 왜(why)와 어떻게(how)가 공히 중요하게 다뤄짐을 알 수 있다.

근원을 망각한 비법의 추구는 문제다. 하지만 어떡하면 잘 쓸까를 묻는다 해서, 왜 쓰는지의 질문을 등한시했다고 보긴 어렵다. 도리어 본질의 중요성을 잘 알기에 그 효과적인 전달에도 관심 뒀을 가능성이 크다. 자기 목소리를 내라, 나만의 스토리를 들려줘라, 여러 글쓰기 책들이 부르짖는데 그건 자기 목소리인가. 맞다. 연표나 매뉴얼 같은 게 아니고서야 어지간한 글에는 다 개인의 목소리가 들어가 있다. 용기 있는 폭로, 진심 어린 당부, 독창적인 해석과 시시콜콜한 감상까지 모두 작가의 목소리다. 고유한 이야기다. 여기엔 '그놈의 본질이 뭔지' 하는 나의 목소리도 포함돼 있다.

* A wonderfully fresh and frank guide to why and how to write personal stories

08

진짜 성공을
팔려면

 보고도 못 믿을 거 투성이다. 딥페이크, AI 얘기다. 그나마 지금은 의심이라도 하지만, 머잖아 '의심하는 나를 의심'하는 날이 올지 모르겠다. 보는 것이 믿는 것이란 말은 화면 속 세상에서만큼은 예외다.

 읽었는데 뭔가 싶은 이야기도 있다. 이걸 믿어야 하나 멈칫하게 된다. 대표적인 게 자기 계발 및 동기 부여를 위한 일화들이다. 새끼를 절벽에서 떨어트리는 사자, 부리를 깨고 발톱을 뽑아 갱생하는 솔개, 공기역학적으로 비행이 불가하나 '믿음으로 나는' 호박벌까지… 지금이야 거짓 우화의 대표적 사례로 잘 알려져 있지만, 한때는 많은 이들이 여기에 고개를 끄덕이며 마음을 다잡기도 했다. 그러니 바로 이 순간에도 다른 유사과학, 사이비 정보들이 어느 강연장을 떠돌고 있지 않을까 의심하는 거다. 책과 인터넷도 예외일 수 없다.

희망과 감동, 그리고 교훈을 전함에 있어 과학만 동원되는 건 아니다. 일상 에피소드들도 많은데 예를 들면 이런 식이다. '내가 속한 친목 모임에 할머니뻘 회원이 있다. 하루는 그분이 어느 젊은 회원으로부터 모욕적인 언사를 듣고도 아주 지혜롭고 우아하게 넘기는 걸 봤다. 나중에 알게 된 사실인데 그 여사님은 유명 기업의 대표로 비서에 경호원까지 대동하는 분이셨다. 여유와 품격이 다시 한번 느껴졌다.' 비슷한 스토리텔링으로 '내가 아는 1000억대 자산가 형님은…'으로 시작하는 얘기가 있다.

그래, 화자랑 여사님이랑 진짜로 만나 본 사이라 믿겠다. 나이 지긋한 기업가와 무례한 청년이 한데 어울리는 친목 모임의 정체도 궁금하지만, 얼마든지 있을 수 있다고 본다. 이런 스토리에서 빌런은 거의 소시오패스 급이던데, 현실을 봤을 때 말이 안 되는 얘기까진 아니겠다. 다만 나는 그 메시지 자체에 의구심을 품는다. 시중의 성공 공식, 교훈 서사에서 중요한 건 에피소드의 주인공이다. 뭘 하든 일단은 돈이 많아야 한다. 그러면 그가 하는 말과 행동이 '메시지'가 된다. 교훈이 교훈일 수 있게 하는 것은 그의 부와 지위다. 위 '여사님'이 그저 힘없고 백 없는 '할머니'였다면 작가의 레이더망에 포착되지도 않았을 거다. 상기의 '성공한 여성 CEO'가 돈과 권력을 이용, 저 건방진 애송이의 혼쭐을 냈다 해도 작가는 마찬가지로 교훈을 끌어냈을 것이다. 무례에 맞서는 강단, 어른으로서 할 말은 하는 용기 등의 수사를 좌판에 깔아 대며.

몇몇 성공학 에세이 작가들의 재밌는 점이 그거다. 그들이 내세우는 인생 궤적을 따라가 보자. 그 나이 먹도록 번듯한 직장도 모아 둔 돈도 없느냐, 라며 주변의 멸시를 받는다. 자기만의 방식—대개 취직은 아니다—으로 꿋꿋하게 삶을 영위해 나간다. 그리고 보란 듯이 외친다. 나는 나를 무시하던 당신네보다 훨씬 더 많은 돈을 벌고 멋진 차를 몰며 건물도 몇 채 갖고 있다고. 결국 나만의 방식으로 성공했다고.

축하한다. 외로이 다른 길을 걸어야 했던 시간들에도 찬

탄을 보낸다. 그러면서 묻는다. 왜, 당신을 깔보던 이들이 정해 놓은 기준에 당신의 성공을 끼워 맞추는가. 어쩌다 원동력으로 삼았을 뿐 무슨 복수심 때문은 아니란 거 안다. 하지만 당신의 성공은 세상이 정한 공식에서 벗어나기로 다짐하던 순간 이미 완성되었음을 잊지 말았으면 한다. 은행 잔고와 스포츠카와 대저택이 가르침의 자격을 부여하는 것은 아니다.

이렇듯 메시지가 좋더라도 너무 견강부회식이면 그 사례 및 근거가 의심받기 쉽다. 곱씹어 볼 얘기가 씹을 거리로 전락한다. 서두의 자기 계발 코치, 동기 부여 연설가도 딴에는 도움 되는 소리해 보겠다고 사자, 솔개, 호박벌 등을 데리고 다녔을 테다. 딥페이크, AI의 현실화된 위험성이 기술(technology)로 말미암은 것이라면 '읽고 듣고도 못 믿을' 문제는 지나친 기교(technique) 때문은 아닌가 생각한다. 주장과 요지를 미리 정해 놓고 그것을 그럴싸한 내용으로 포장하려다 글 전체가 흔들린 꼴이다. 이것이 만연되면 쓰는 자는 물론 읽는 이도 함께 흔들릴 우려가 있다.

'성공했으니 성공했다'는 성공 팔이들의 외침은 여기까지였으면 한다. 성공(成功)이란 '공의 이룸'이며 여기서 공은 운을 뒤집는 노력과 정성이다. 당신은 어떠한 공을 들이며 또 이루어 가는가. 그 진짜 비책을 들려줄 때다.

09

콘텐츠의
시대

 콘텐츠의 시대다. 보고 듣고 즐길 거리가 늘어났음을 말하는 게 아니다. 그보다는 무엇이든 콘텐츠화하고 어디든 메시지를 담으려는 시도들에 눈길이 간다. SNS, 유튜브 세상의 수많은 지식과 정보 그리고 지혜들에 나 역시 많은 도움을 받곤 한다. 동시에 피곤함을 느낀다. '좋은 게 많아 고민'이면 나으련만 그렇지는 않다. 세상에 좋은 것들이 넘쳐난 지가 하루이틀인가. 이제 와 소화 못 할까 걱정할 일은 아니다.

 피로는 어디서 올까? 먼저, 정형화된 교훈이다. 즉석 인터뷰를 하는 SNS 계정이 있다. 길거리에서 만난 시민에게 카메라를 들이대는 걸로 영상은 시작한다. 이때 콘텐츠가 되는 요건은 단순하다. 인터뷰이가 눈에 띄어야 한다. 여기 '젊은이처럼' 옷을 입은 노인을 상상해 보라. 로우라이즈 팬츠에 미드탑 운동화까지 패션이 예사롭지 않다. 그의 입에서 다음의 인생 조언이 나온다. "젊음을 낭비 말고 즐겨라!" 그는 과거로 돌아가면 그때처럼이 아니라 지금처럼 살겠다고 다짐하지만, 그때처럼 살았기에 지금처럼 지낼 수 있음은 말하지 않는다.

빼어난 비주얼의 젊은 남녀도 교훈 전달자가 되기에 충분하다. 다만 얼굴 자랑, 몸매 과시만으로는 부족하다. 꾸준한 자기 관리를 메시지로 삼을 수도 있지만 그보다는 다음이 더 극적이다. "중요한 건 외면이 아닌 내면을 가꾸는 일입니다." 아이라인이 선명한 눈을 깜빡이며, '있어 보이는' 책 한 권을 들고, 이런 미모 아무것도 아니란 투로 말해 주면 효과는 배가된다.

틀린 말은 아니니 애교로 봐 줄 만하다. 문제는 없는 교훈 억지로 짜낼 때다. 이른바 지식 큐레이션 서비스에서 매일같이 '의미 있는 무언가'를 전달하려다 보니 무리수를 두는 경우를 심심찮게 발견한다. '직장 갑질'에 해당하는 사례를 '일잘러의 비결'이랍시며 소개한다든가, 80년대에 나 통했을 처세술을 지금의 세대에게 권하는 식이다. 그런가 하면 편한 대화와 웃음으로 충분한 예능 프로그램에서까지 메시지 욕심을 부리는 출연자들도 종종 본다. 한 연예인은 SNS에 떠도는 에피소드를 활용해 '타인의 가치를 존중하라' 떠들었지만 정작 자기 스태프의 가치는 무시하는 바람에 안 좋은 소리 좀 들어야 했다. 그러니 제아무리 콘텐츠가 훌륭하더라도 삶과 철학이 뒷받침되지 않은 주장은 그냥 어디서 주워들은 얘기밖에 안 되는 거다.

좋은 말 뒤의 선한 의도를 이해한다. 콘텐츠를 만드는 것도 스스로 콘텐츠가 되는 것도 좋다. 하나 교훈을 위한 교훈은 환영받기 어렵다. 과한 의미 부여는 역효과다. 없으면 없는 대로, 부족하면 부족한 대로 내보이는 것 역시 메시지다. SNS에서 본 그럴듯한 명언보다 자신의 경험으로 확인한 이치에 힘을 싣기 바란다. 콘텐츠의 시대, 주인공은 어디까지나 사람이다.

10

진부하지만
진리

  요즘엔 종이책이 아니어도 읽을거리들이 천지다. SNS, 블로그도 있고 웹소설, 뉴스레터 같은 것도 넘쳐난다. 그중에 나도 유료 구독하는 서비스가 있는데 콘텐츠를 쓱쓱 넘기다 보면 이런 소리가 나올 때가 있다. "뭐야, 뻔한 얘기잖아?!"

  플랫폼 특성상 트렌드 및 인사이트에 대한 기대가 컸는지 모르겠다. '업계 내부 사정'과 '전문가의 비기'를 듣고 싶은 욕심 속에 가성비도 따졌겠다. 근데 가만 생각해 보니, 뻔한 소리라고 해서 무가치한 콘텐츠로 넘길 게 아니더라는. 왜냐하면 그 뻔하고 당연한 것조차 지키지 못한 적이 많기 때문이다.

그러니까 몰랐던 걸 아는 것도 중요하지만, 아는 걸 다시 확인하는 것 또한 유의미한 일이다. 앎이 삶으로 구현되지 않았다면 그것이 진정한 앎인가란 물음이 남는다. 그런 면에서 뻔하디뻔한 자기 계발서와 새로울 것 없는 명사(名士)들의 조언도 경우에 따라 훌륭한 자극제가 될 여지 충분하다. '듣고 알았으니 끝'이 아니라 계속해서 스스로에게 환기시키는 거다. 꾸준히 명상하고 운동하듯이.

서점에 간다. 도서관을 찾는다. 다종다양한 책들을 운동 기구 삼아, 소홀했던 마음의 근육들을 키워 볼 요량이다. 간혹 만나는 '다 아는' 이야기라도 지식과 지혜, 읽기와 쓰기의 근(筋) 성장엔 도움이 되리라 믿는다. 다 안다는 게 큰 착각이었음을 깨닫는다. '진부하지만 진리'(trite but true)라는 진부한 문구를 다시금 떠올린다. 뻔하다 여겼던 글들에도 신선함과 색다름이 숨어 있었구나. 읽을수록 깨닫는다. 읽은 만큼 익어 간다.

11

모두까기인형과
프로추천러

 우연히 들른 동네 펍에서, 불쑥 찾은 단골 바에서, 처음 만난 이들과 이야기 나눠 본 적 있는가. 전부 초면이면 그러니 주인장 포함해서 아는 얼굴 한둘쯤 있는 것도 나쁘지 않겠다. 이름, 나이 필요 없고 딱 얼굴만 아는.

 무슨 얘기들을 하냐고? 오늘 회사에서 이런 일이 있었는데, 주말에 어디론가 떠날 계획인데, 하는 아름답고 무용한 이야기들. 줄여서 아무 말이라 불릴 만한. 직장 동료나 가까운 친구들보다는 적당한 거리의 남이 훌륭한 대화의 상대가 될 때가 많다. 특히나 주제가 뭔지에 따라.

책 이야기도 그중 하나가 아닐까 싶다. 간혹 꿈과 환상으로 가득 찬 수다라 해도 낯선 이들과 함께라면 문제 될 것 없다. 진지한 문학적 논의와 철학적 교류도 가능하다. 작품에도, 서로에게도 이방인이란 사실이 오히려 더 깊은 유대를 낳는다. 모르는 사람 앞이, 모르는 거 아는 체하기에도 좋다.

그래서 사람들은 독서 모임이란 걸 한다. 남의 책 속에서 나의 이야기를 찾고 또 그것을 여럿이서 나누는 행위를 한다. 신형철에 따르면 문학 작품의 해석자는, 이 작품엔 뭔가 가치 있는 게 있다고 전제한 뒤 그것을 찾기 위해 협력하는 독서를 한다. 조너선 컬러의 표현을 빌리자면 '고도로 유지되는 협력 원칙'에 근거한 접근이다.*

물론 협력이 만장일치 추천, 이구동성 찬사를 말하진 않는다. 협력의 과정에서 여러 갑론을박이 생겨나기도 한다. 이 또한 같이 읽는 기쁨, 독서 모임의 묘미다. 내가 운영하는 북클럽에서도 '잘 들었습니다. 그런데…'로 시작하는 반론과 이의 제기 등을 심심찮게 본다. 이렇게 '협력자'들 사이에서 씽크(sync/think)가 맞지 않는 모습은 오히려 만남의 의미와 중요성을 대변해 준다. 혼자 읽고 끝내서는 할 수 없는 일이다.

실제로 우리 모임에서는 모든 것이 도마에 오른다. 주로 고전 문학을 다루는데 작중 인물의 행동, 역자의 해석, 심지어 작가의 의도까지 의심받고 도전받는다. 이는 개인의 독단으로부터 작품을 해방시키는 작업이다. 여기서 개인은 일차적으로는 일반 독자를 의미하나 경우에 따라 번역가, 편집자, 평론가 그리고 다시 심지어, 작가를 포함한다. 자신만의 왕국을 완벽히 구축, 장악했다고 여겨지는 작가도 왕국 선포, 즉 출판 이후 외부의 간섭으로부터는 자유로울 수 없다. 작가가 동원한 어휘와 문장들이 그 이념의 근위대로서 마지막까지 역할을 다할 뿐이다.

나머지 생각들은 무시받고 버려질 수 있다. 오해와 곡해에 무너질지 모른다. 억울한 누명은 풀고, 준엄한 독자의 심판은 받아들이는 과정에서 체제의 핵심은 더 탄탄해진다. 새로운 면모도 조금씩 얻어 간다. 우리는 그것을 생명력이라 부른다.

그런데 독서 모임에서도 흔한 비판이, 대문호도 피해 가지 못하는 지적이 재미있게도 한국 문학계에서는 쉽사리 목격되지 않는다. 편의상 H라고 하자. 나는 입고 도서를 고를 때 '출판인 H 추천'이라 써 있으면 속된 말로 '믿거'(믿고 거른다)까지는 아니더라도 일단 의심은 하고 본다. 추천 본연의 기능에 충실하기보다 업계에서의 지위와 평판을 공고히 하고 해당 저자와의 친분을 유지, 과시하는 장치로 쓰인다는 인상을 지울 수 없기 때문이다. 직업이 '프로추천러'가 아닐까 싶을 만큼 여기저기 많이 보이는데 '믿고 읽는'이라는 그의 말을 그대로 믿고 따르기란 쉽지 않다.

추천은 어디까지나 추천인의 자유고, 사전적 의미대로 좋은 말만 해 주는 게 당연할지 모른다. 그런데 영화 평론가들이 평소 안면 있는 감독의 작품도 필요하면 대차게 까는 것에 비해 출판 쪽은 확실히 선비다. 의뭉스러운 선비다. 현학적 수사를 동원해 비난을 상찬으로 둔갑시키기도 한다. 소위 북튜버들조차, 영화 리뷰의 세계와는 다르게, 신랄하고 직설적인 비판은 삼가는 느낌이다. 여담이지만, 영화가 상대적으로 책임 소재가 다양해 그렇지 않나, 짐작한다. 영화의 경우, 감독, 각본가, 기타 스태프와 배우들까지 여러 인력들이 투입되는 반면, 문학 창작에 있어서는 작가와 편집자 정도가 다다. 그러니 결과물을 두고 싫은 소리하기에도 눈치가 보이는 거다. 등단 제도, 문단 권력 등에 기인한 패거리 문화의 병폐가 남은 곳이라면 더하다.

이는 신진 작가들도 예외는 아니어서 이해관계 맞는 이들끼리 홍보성 감상평을 교환한다거나, 아예 자신의 산문에 등장시켜 상대를 띄워 주고 그러면서 스스로를 띄우는 사례들을 적잖이 목격한다. 나 역시 세속적 인간인지라 가슴 한구석에 움트는 부러움을 외면하기 어렵다. 동시에 인정하는 바, 그 젊은 문인들의 재기는 나보다 한 수 위다. 그들의 '강물처럼 끊임없이 솟는 아이디어' 앞에 나의 그것은 '가느다란 물줄기'일 뿐이다.[**]

책 모임을 연다. 토론과 담론, 수다와 잡담의 성찬이 테이블 위를 수놓는다. 말글이 반짝이는 은하수가 펼쳐지고, 이야기의 우주는 점점 확장되어 간다. 발화된 활자들이 우주를 유영하던 그때, 당신의 마음도 둥실 떠올라 기억 저편을 맴돌았길 바란다. 각자의 종착지는 다를지언정 우리는 같은 여행을 했다고, 그것은 좋은 여행이었다고 믿는다. 더불어 수고했다고 서로의 어깨를 토닥인다. 다음 여행을 모색한다. 동행자 상시 모집.

---

[*] 엄지원, '신형철, 사랑으로 읽고, 정확하게 쓰기', 「한겨레21」 제1405·1406호, 2022.03.
[**] 귀스타브 플로베르가 조르주 상드에게 보낸 서한(1868)

12

문제는
밈이 아니다

'되(X) 돼(O) 입니다.'

한 인스타그램 게시물에 누군가 댓글을 달았다. 물결 표시와 웃음 이모티콘이 그의 선한 의도를 대변했다. 다만 유행을 잘 아는 이는 아닌 듯했으니, 해당 문구는 '누구, 무엇이 되' 형태로 활용되는 일종의 밈이었던 까닭이다. 본문 내용으로 보아 게시자도 알고 쓴 게 분명했다. 역시나 '이거 밈이에요'라는 답글이 이어졌다.

이런 인터넷 유행들을 알아야 되고 맞춤법 따위 틀려도 되고, 뭐 그런 소리를 하려는 건 아니다. 나도 얼마 전 우연히 들었을 뿐, 계속 모른 채로 있었어도 상관없었을 게다. 몰랐다는 사실조차 모를 만큼 그 유행이란 것도 반짝하고 사라질 공산이 크다.

다만 글 쓰는 사람으로서 생각해 보는 점은 있다. 내가 아는 것이 늘 진리는 아니며, 설령 맞다 해도 사람들이 찾는 대답은 아닐 수 있다는 사실이다. 어떤 경우에 사람들은, 틀렸다는 사실을 알면서 틀린다. 그릇됨에 기반한 해학, 어긋남에서 나오는 웃음을 즐긴다. 이때는 재미가 곧 진리다. 물론 누구든 처음과 같은 댓글을 달 수 있고, 설명을 들은 이후에도 지적을 이어 갈 수는 있다. 그러니 밈을 소비하는 이들더러 상식이 모자라다 할 것도, 거기 한마디 하는 사람한테 눈치가 없다 할 일도 아니다.

결국 선택의 문제다. 계속해서 쓰는 입장에서 말하자면 나는 한 템포 쉬어 가는 쪽을 택한다. 한 발짝 떨어져서 보기 위해 노력한다. 어떤 사안에 대해 섣불리 입을 떼기보다 차라리 닫는 편이 나을 때도 많다. 작가란 존재는 때로 공백으로 말하고 침묵으로도 쓴다. 물론 그때그때 하고 싶은 말, 해야 할 얘기 모조리 쏟아 내는, 다른 작가들의 기민함과 부지런함에도 찬탄을 보낸다. 위의 예시에 국한하지 않고, '이거 밈인데'라는 얘기에 '아무리 밈이라지만'이라고 응수하는 어떤 이의 신념 또한 이해 못 할 바 아니다.

여전히, 선택의 문제다. 양시론 펼치지 말고 하나만 고르라고 한다면, 그래도 나는 '되'가 괜찮다고 보는 입장이다. 언어를 잠깐 장난감처럼 갖고 놀 수도 있는 거지, 하는 쪽이다. 혹자는 자꾸 되, 되, 거리다 보면 진짜 문제가 생길 거라는데 지금의 방식으로 '자꾸' 그럴 가능성은 낮다. 다 한때고 금방이다. 하라고 해도 안 한다. TV 자막의 오용 사례를 드는 것도 의미가 없는 게, 방송 작가나 PD들이 '되-돼'를 마구잡이로 섞어 쓰는 건 10년 전에도 그랬고 20년 전에도 그랬다. 우리 일상에서도 쉽게 혼동하는 것처럼 10년, 20년 후에도 비슷한 수준일지 모른다. 아무튼 무슨 밈 하나 때문에 맞춤법 오염이 갑자기 심각해지고 그러지는 않는단 얘기다. 끝으로, 선생님이 '되-돼'의 구분을 알려 주는데도 '인스타에서 되- 라고 하던데요?'라며 받아치는 학생들은 국어 말고 다른 교육이 절실한 상황이니 엉뚱한 핑계 대지 말고 교사와 학부모들이 잘 가르치도록 하자.

'되' 하나로 말이 길었다. 난 밈과 안 친하고 앞으로도 그럴 테지만, 우리말이 밈 속에서 이리저리 활용되는 것에 대해 너무 걱정들은 안 해도 될 듯싶다. 이 책이 나오고 여러분이 이 글을 읽는 시점엔 또 어떤 변용과 변주들이 일어나고 있을지 모르지만 말이다. 말글 자체의 회복력을 믿는다. 언중의 지혜로움과 더불어.

13
❋
❋

'뷰티풀 게임'을
향하여

 축구 기자 시절의 일이다. 대한민국 대표팀의 월드컵 본선 경기를 앞두고 전문가들에게 상대팀 공략법을 묻는데, 돌아온 대답이 하나같이 똑같았다. '수비 뒷공간을 노려라!' 상대 공세를 잘 버텨 낸 뒤 기회를 봐서 역습하면 승산이 있다는 얘기였다. 감독, 해설가 등 '축잘알'(축구를 잘 아는 이)들의 조언인 만큼 콘텐츠 가치는 충분했다. 문제는, 무엇이 누구의 말인지 모를 정도로, 아니 구분이 무의미할 정도로 서로 판박이란 사실이었다. 추가 질문을 하고 다른 곁가지 말들을 살리니 그제야 좀 차별화된 답변이 완성됐다. 각자가 말하고자 한 핵심—선수비 후역습—은 물론 건드리지 않았다.

"첫 골이 일찍 터지면 의외로 난타전이 될 수도 있어요." 뒷공간 공략을 주문했던 해설위원 중 하나는 경기가 시작되자 이런 말로 입을 풀었다. 나는 그것이 '습관성 멘트'라고 생각했는데 이유는 그가 다른 경기에서도 비슷한 소리 하는 것을 몇 번 보았기 때문이었다. 여기서 예상이 얼마나 맞고 틀린지는 중요치 않다. 해설가에게 예언가적 면모를 기대해선 곤란하다. 살필 것은 예상의 적중률 아닌 적합성으로, 과연 그러한 전개를 점쳐 볼 만한 상황이었는가 하는 점이다. 예를 들어 대회 우승 후보와 만난 최약체 팀이 이른 시간 골을 먹었다고 해서 (혹은 넣었다고 해서) 갑자기 맞불 작전으로 전환하는 게 '개연성 있는 시나리오'일까? 지면 탈락인 토너먼트도 아니고 승점 관리가 필요한 조별리그 단계에서? 맞불을 놓는다고 난타전이 되리란 기대부터가 순진한 생각이다. 예언은 틀려서가 아니라 아무 때나 남발되는 게 문제다.

일부 코멘테이터들의 습관적 해설을 몇 개 더 살펴보자. 축구 팬이라면 다음 멘트가 낯설지 않을 테다. "주심이 지금 웬만한 걸로는 휘슬을 안 불고 있어요. 우리 선수들이 빨리 심판의 성향을 파악해서…" 거친 몸싸움이 속출하는 가운데 정작 반칙 선언은 나오지 않는다. 선수 출신의 해설자는 필드 위 후배들에게 멈칫하지 말고 플레이할 것을 당부한다. 옳은 얘기다. 한데 그게 주심 성향까지 갈 일인가? 선수라면 그런 거 따질 것 없이 뛰어야 한다. 그게 기본자세다. 깐깐한 주심이라고 해서, 아까 비슷한 상황에서 파울을 불었다고 해서, 선수 본인 판단으로 경기를 중단할 일은 아니지 않은가.

국가대표까지 지낸 엘리트 선수가 그걸 모를 리 없다. 추측하기로는 주심 성향 파악이 어쩌고저쩌고하는 다른 해설들을 듣다가 무비판적으로 따라 하는 건가 싶기도 하다. 근거가 없진 않은 게 초보 해설가들이 예전 중계 영상들을 보며 훈련하는 일은 매우 일반적이다. 위 조언을 그날의 판정 기준을 영리하게 이용하란 뜻으로 받아들일 수도 있겠으나 여기엔 위험이 따른다. 주심의 판정이 일관되리란 보장이 없는 탓이다. 일찍 파악한, 파악했다고 믿는 그 성향은 언제든 바뀔 수 있다. 그걸 모를 리 없는 전직 국대가 관행적 해설의 오류를 답습하는 건 안타까운 일이다.

요즘 덜하긴 하나 예전엔 이런 해설도 흔했다. "남미 선수들은 천성이 다혈질이라 흥분을 잘하죠. 우리가 이 점을 십분 활용해서…" 상대를 살살 건드려 스스로 무너지게 만들라는 주문이다. '남미' 자리에 '아프리카'가 들어가기도 하며 이때는 '쉽게 포기', '모래알 팀워크' 같은 말들이 추가되곤 한다. 본능적이고 단순한 면모를 부각하는 모양새인데 '한번 흥이 오르면 걷잡을 수 없다'는 식의 평가도 비슷한 맥락이다.

취지는 이해한다. 대표팀 경력의 한 지도자는 특정 대륙 소속팀을 만나면 라커룸에서도 으레 그런 연설들이 나왔었다고 내게 전했다. 발언은 위에서 소개한 것 이상이었다. 인권조사관 행세를 하려는 건 아니다. 경기장은 전쟁터고 그곳에선 승리라는 절대 선을 위한 독려가 충분히 가능하다 보는 입장이다. 단, 내부적으로만, 오프더레코드로. 그러니 중계석에 앉은 사람이 각자 인종적 편견을 갖는 건 자유겠으나 그것을 공개적으로 드러내는 것은 얘기가 다르다. 근처에서 키보드를 두드리는 이들도 마찬가지. 정말로 다혈질이거나 끈기가 부족한 특성을 지적해야겠다면 수치와 기록으로 말할 일이다. 싸잡아 천성 운운할 게 아니라.

동의하기 힘든 표현이 또 하나 있다. '골대 불운'이다. 경기 중 슈팅이 골대에 맞으면 지거나 아깝게 승리를 놓친다는 속설인데, 이는 근거 없음으로 판명 난 지 오래다. 골대를 맞힌다는 건 활발한 공격의 증거일 뿐 통계 데이터를 분석하면 경기 결과가 부정적이지는 않다는 얘기다. 여기선 그 미신을 다시 문제 삼기보다 불운이라는 단어에 집중한다. 슛이 골대를 때렸다. 이게 어째서 불운인가. 운이 아니라 실력이 모자랐던 건 아닐까. 축구는 크로스바와 골포스트가 만든 네모 사이로 공을 통과시켜야 하는 게임이다. 골대는 가만히 있는데 거기다 공을 보내 놓고 '운이 나빴다'고 하는 건 책임 회피다. 페널티킥 기회에서 골대를 맞혀도 불운 소리 할 텐가.

팬들이야 안타까운 마음에 운 탓을 할 수 있다. 언론들도 '대한민국, 골대 불운에 눈물' 같은 헤드라인을 뽑는 게 잘못은 아니다. '빈약한 결정력에 좌절' 대신 말이다. 다만 감독 및 선수가 실망스러운 결과 앞에 그것을 변명의 구실로 삼는 건 좀 그렇다. 골대를 스치고 지나간 슈팅까지 골대 불운 취급하는 캐스터와 해설자를 보면 운을 대체 얼마나 바라는 건가 싶기도 하다. 궤적이 좀 더 안쪽을 향했어도 골대 맞고 나오고, 거기서 더 휘었다 한들 골키퍼한테 막혔을 텐데 말이다. '불운'은 불운하고 골대는 억울하다. 믿는 도끼에 발등 찍힌다지만 도끼를 휘두르는 건 자기 자신이다.

 습관성 멘트, 상투적 언사, 그 익숙함의 함정을 경계한다. 허점이 없나 살핀다. 개성의 부재는 그러려니 해도 고민의 결여 앞에선 그게 어렵다. 당연한 듯 내뱉었던 나의 말과 글에도 당연하지 못한 구석들이 있었으리라. 페이지라는 그라운드 위에 단어와 문장이 선수로 나선다. 저마다의 활약으로 경기를 수놓는다. 생각의 뭉치를 굴린다. 그것이 우리 마음의 골망을 흔든다. 간결한 터치, 번뜩이는 기지, 무엇보다 기복 없는 플레이와 지칠 줄 모르는 체력. 어떤 뛰어난 축구 선수의 특징은 쓰는 자의 그것과 닮았다. 볼 또는 글을 끄는 게 나쁘단 건 아니다. 각자의 스타일 속에 어떤 내용을 담느냐가 중요하다. 지나친 클리셰만 피해도 우리의 게임은 더 아름다워질 수 있다. '뷰티풀 게임'(The Beautiful Game)은 축구의 공인된 별칭이면서 글쓰기가 훔치고 싶은 이름이다. 잊지 말 것은 고통과 허무

마저 경기의 일부란 사실. 환호나 야유는 팬들에게 맡긴 채 작가라면 일단 쓰고 볼 일이다. 습관성 멘트와 달리 이러한 태도는 얼마든지 습관이 되어도 좋겠다. 경기는, 계속되어야 한다.

01
❋
❋

없는
책방

 시골 책방에 들렀다. 사장인지 알바인지 모를 젊은 여성이 환대인지 경계인지 헷갈리는 태도로 나를 맞았다. 첨엔 '무슨 일로?' 하는 표정으로 멀뚱멀뚱 쳐다만 본 터라, 나도 얼마간은 빈정이 상했더랬다. 아니, 책방에 책 사러 왔지, 약 팔러 왔겠어?

 "아, 안녕하세요. 어서 오세요."

 뒤늦게 손님임을 깨달았는지 책방지기가 그제야 인사를 건넨다. 미안함과 반가움이 섞여 있었고 확실히 환대에 가까웠다. 나는 의식적인 웃음으로 좀 전의 거북함을 거둬들였다. 나중 안 사실이지만, 그곳은 평소 오가는 발길이 적었고 '남자 혼자' 오는 손님은 더더욱 드물었다. '여자 홀로' 있는 입장에서 경계를 하는 것도 당연했다. 동시에 그 대비책도 없이 영업은 어떻게 하는 건가 의아했지만—낯선 남자가 들어올 때마다 그렇게 놀라서는 곤란할 텐데—무슨 오지랖인가 싶어 서가로 눈길을 돌렸다. 책들이 진열된 모습이 예사롭지 않았다. 일부는 나무 궤짝에, 또 어떤 건 삼발이 손수레에 담겨 있었다.

인증 샷은 구매 후 남기기로 하고, 본격적인 책 탐사에 나섰다. 여느 동네서점과 비슷하게 책에 붙은 손글씨 메모들이 눈에 띄었다. 마찬가지로 내용은 별게 없었다. 기본적인 도서 정보와 표지에 나온 카피를 재탕하는 것이 대체 무슨 의미란 말인가. 독립서점만의 감성과 정성을 보여 주려는 의도? 조금 전과 달리 이번 '보여 주기'는 실망스러웠으나 어쩌면 그건 과한 기대이거나 섣부른 판단이었는지 모른다. 이 공간을 홀로 꾸려 가는 저기 저 사장님을 보면 말이다.

그랬다. 그녀는 알바가 아닌 사장이었고, 대표인 동시에 직원이었다. 책 추천을 청하며 들은 바, 이곳은 원래 농기

구와 비료 등을 보관하던 광이라고 했다. 이름 하나가 떠올랐다. 책광, 책이 놓인 광. 이 '광'에다간 빛 광(光), 미칠 광(狂), 넓을 광(廣) 등의 의미를 보태는 것도 가능하리라. 나는 나만의 책방을 상상하며 사장이 권한 독립출판물 한 권을 구매했다. 썩 끌리진 않았으나 책값이 아깝진 않았다. 거기엔 체험과 대화를 통해 얻은 영감의 가격이 포함된 까닭이었다. 책 하나 살 돈이면 커피가 몇 잔 하는 식의, 가성비만 추구하는 시각 또한 좋아하지 않는 터였다. 당신의 책은 국밥 한 그릇만큼의 가치는 지녔냐고, 효용을 따져 묻는 것도 마찬가지다. 이 비교가 어폐가 있는 게, 살다 보면 그 커피와 국밥에도 실망하는 경우 적지 않다. 그러면서 계속해서 도전한다. 반면 한 번의 소비로 끝이 아니라 두고두고 쓸모를 느낄 수 있는 책 앞에서는 유독 신중한 태도들이 목격되곤 한다. 실패 따위 절대 용납 않겠다는 자세들이다.

 들어올 때와 달리 주인장의 상냥한 배웅을 받으며 그곳을 떠났다. 근처 맛집을 소개받았던 것 같은데 뭘 먹었는지는 기억이 없다. 그때 샀던 독립출판물은 현재 행방이 묘연하다. 언급한 시골 책방에서 시골은 제주도 중산간 마을이며, 오래전 내가 『놀고먹는 것도 제주』란 산문집을 만들 때 방문하고 기록해 둔 곳임을 밝힌다. 더는 지도에 존재하지 않는 책방에, 닿지 못할 안부를 전한다.

02

인연의
실타래

 한 지인으로부터 연락을 받았다. 무려 6, 7년 만이었는데, '한때 지인이었던 사람'이 더 적절한 표현일지도 모르겠다. 놀라우면서 반가운 안부 인사였다. 다행히도 돈을 빌려 달라거나 보험 가입을 권유한다거나 결혼 소식을 알리는 그런 성질의 것은 아니었다. 결혼 소식 아닌 게 왜 다행인지는 모르겠지만 암튼.

 친구야 몇 년이 흘러도 반가운 게 인지상정이나 지인은 좀 애매하다. '어떤 목적과 상황에 의해 알고 지내던 사람'이 그 목적과 상황이 사라진 지금, 갑자기 연락을 한다는 게 뜬금없이 여겨질 수도 있다. 얼마 전 나의 안부를 물어 온 그는 친구도 직장 동료도 아닌, 예전에 무슨 시험을 준비하면서 알게 된 사이였는데 신기하게도 이상하게 느껴지진 않았다. 무슨 의심이 들지도 않았고. 그냥 이 사람이면 이럴 수 있겠다 싶은 정도?

그는 어디 앞을 지나는데 갑자기 내 생각이 났다고 했다. 갑자기 생각나서 갑자기 연락을 해 본다고, 그닥 미안하지 않은 투로 미안하다고 말했다. '잘 지내셨죠? 몇 년 만이죠? 이렇게 목소리 들으니 신기하네요!' 익숙한 감탄들이 오고 갔다. 별다른 내용도 아무런 약속도 없는 대화였다. 그래도 분위기가 무미건조하진 않았다. 어쩌면 담백하다 할 만했다. 통화를 종료하며 상대도 나와 같았음을 깨달았다.

더불어 느꼈다. 인간관계에 미니멀, 디톡스 다 좋지만 그것이 꼭 가성비와 효용으로만 접근할 문제가 아니란 것을. 진짜 '생각이 나서' 연락을 취했다면 그 순수한 의도, 감사한 마음을 믿어 볼 일이다. 무슨 꿍꿍이가 있나, 의심하고 경계할 게 아니라. 그래, 모르는 바는 아니다. 나이가 들면 들수록 이러는 거 쉽지 않다. 그래서 그 '생각이 나서'란 말이 고맙다. '어쩌다 그냥'이란 표현이 마음에 든다. 이후 만나고 말고는 다른 문제다. 그러지 못할 가능성이 크겠지. 하지만 이로써 인연의 유효기한이 조금 더 늘어났다면 그 자체로 의미가 있지 않나 생각한다.

 인연의 도서관에서 오랫동안 빌린 적 없는 책을 꺼낸다. 시절인연에게 말을 건다. 인연(因緣)에서 연(緣)은 실 사(糸) 자를 부수로 쓴다. 그래서 인연이란 것은 놓치지 말아야 할 끈이기도 했다가 실타래처럼 엉키기도 했다가, 툭 끊어졌다 다시 이어지기도 한다. 혹시 지금, 더듬어 찾고 싶은 실이 있는가. 만일 용기 내어 잡는다면 맞은편에서 전해지는, 너무 느슨하지도 팽팽하지도 않은 장력을 느낄 수 있을 것이다. 우리는 대개가 '닮은 얼굴'을 품고 살기에 상대도 당신과 비슷할 공산이 크다. 메아리는 부르는 만큼 돌아오는 법이다. 부디 당신이 잡아 든 실에서 기분 좋은 텐션을 느끼길 빈다.

03

산책로와
주차장

여름이다. 날이 덥다 보니 잠에서 일찍 깰 때가 많다. 덕분에 러닝하러 나가는 시간이 빨라졌다. 더불어 그늘이 있는 오솔길, 샛길도 많이 찾게 되는데, 그러는 요 며칠 느낀 바가 있다. 혼자 걷거나 뛰는 여자들의 경우, 그 호젓한 길로는 잘 가지 않는다는 사실이다. 초입에서 돌아나가거나 다른 큰 갈래길로 방향을 트는 모습들이 대부분. 사람 없다며 좋아하는 나랑은 확연히 다르다.

물론 코스 선택에 불과한지 모른다. 해당 구간을 홀로 통과하는 여성들도 있을 터이다. 하나 분명한 건 누군가에겐 그것이 선호의 문제이기 전에 안전의 문제일 수 있다는 것, 그리고 언뜻 평범해 보이는 환경이 제약과 불안의 요소로 다가올 수 있다는 사실이다. 거기다 대고 '누가 못 지나가게 해?', '아침인데 뭘 그래?' 하며 유별나다 지적할 건 못 된다. 뭐든 당연하게 누리는 자는 그것이 당연하지 않은 이의 입장을 단박에 알아채기 힘든 법이다. 부끄럽지만 나도, 아파트 지하주차장에 새벽에 혼자 못 내려간다는 누군가의 얘길 듣고 잠시 '왜?'라고 생각한 적 있다.

"책방에 페미니즘 도서가 많네요." 언젠가 한 손님이 내게 이런 말을 건넸다. 나는 그때까지 그 점을 인지하지 못했는데—사실인지 아닌지도 모르겠고—그냥 재미와 의미가 담긴 책을 가져다 놓았을 뿐이었다. 이후 그중 하나로 독서 모임을 열었는데 작중 인물들의 행동에서 '문화화된 남성 권력'을 떠올린 기억이 있다. 문화화된 남성 권력이란, 이를테면 이런 거다. 남자들이 사고 치고 멋대로 구는 것을 '남자는 늙어도 애', '남자는 죽을 때까지 철부지' 같은 말로 아무렇지 않게 넘기는 태도다. 비슷하게 '**수컷 본능**'이란 표현은 익숙해도 '**암컷 본능**'은 쓰임이 드물다. 그런가 하면 터프가이, 상남자, ○○이 형(兄)으로 불리길 좋아하는 마초 성향의 유명인 중엔 자기 배우자 앞에서만큼은 쩔쩔매는 모습을, 필요 이상으로 과시하는 이들이 적지 않다. 대중이 그 '인간미와 로맨틱함과 반전 매력'에 혹하는 사이 본래의 권위적이고 차별적이고 폭력적인 습성은 효과적으로 은폐, 희석된다.

계속해서 여름이다. 동이 트기 전 운동화 끈을 조여 맨다. 사람과 자전거와 개들이 띄엄띄엄 보인다. 내가 택한 길은 여전히 어둑하고 인적이 드물다. 나무 터널을 통과한다. 멋진 코스인데 한낮엔 사람이 많으려나. 짧지 않은 길을 혼자 달린다. 그러다 맞은편에서 오는 어떤 남자와 마주치는데 순간 흠칫했다. 아무도 없으리라 생각하던 중 갑자기 나타나 놀란 것일 수도 있겠다. 하지만 저 멀리서 보였어도, 미리 알았어도 경계는 했지 싶다. 이것은 유난이 아니라 본능이다. 참고로, 그 아저씨가 나보다 더 놀랐음을 밝혀 둔다. 심심한 사과를 전한다.

독서 모임이 파하고 늦은 밤 귀가하는 회원들을 향해 '조심히 들어가세요'란 인사를 건네곤 한다. 사전에서 '조심'(操心)을 찾아보니 '잘못이나 실수가 없도록 말이나 행동에 마음을 씀'이라고 나와 있다. 그 마음을 써야 할 존재,

즉 잘못을 저지르지 말아야 할 쪽은 따로 있다. 내가 조심한다고 되는 세상이 아닐지 모르겠지만, 그래도 오늘도 위와 같은 인사를 전해 본다. 안전에 대한 기원, 통할 수만 있다면 주술의 의미를 담아.

04

커피는
어떻게 드릴까요?

"안녕하세요. 따뜻한 아메리카노 한 잔 마시고 갈게요. 원두는 산미 있는 걸로. 영수증은 필요 없고 적립은 할게요."

카페에 가면 대개 이런 식으로 주문을 한다. 종업원이 추가로 물을 일 없게, 필요한 정보를 전달하는 거다. 상대가 들을 준비가 된 상태에서 천천히, 또박또박 말하는 것도 잊지 않는다.

자영업자 지인이 맞장구를 친다. 자기도 남의 집에 커피 마시러 가면 그렇단다. 경험에 기반한 행동 교정이랄까.

'강화'라는 용어가 더 적절할지 모르겠다. 다음의 장면이 낯설지 않다.

"라떼 주세요."

"따뜻한 걸로 드릴까요?"

"아뇨, 아이스요."

"드시고 가시나요?"

"아뇨, 테이크아웃이요."

잠시 후 커피가 나오자 손님이 묻는다.

"영수증 안 주시나요?"

독심술이라도 기대하는 건지, 텔레파시가 통한다고 믿는 건지 '따로 말 안 해도 알아서 줘야지!'라고 생각하는 분들을 간혹 본다. 바리스타로 일할 때, 한번은 그 심리가 궁금해 실험을 한 적 있다. '아메리카노 한 잔'이라고만 주문한 손님에게 추가 질문을 하지 않은 거다. '네~ 아메리카노 한 잔이요~'라고 반복하며 슬쩍 기다려는 봤다. 하지만 결제가 끝나는 순간까지 그는 침묵을 유지했다. 이 날씨엔 뜨거운 (혹은 차가운) 게 기본이라 여기는 건가? 아님 '뜨아'든 '아아'든 주는 대로 먹겠다는 건가? 자기가 핫/아이스를 얘기했다고 착각하는 건가? 설마, 주문을 왜 대충 받냐고

속으로 욕하는 건가? 라는 생각에 이르러서야 얼른 손님께 확인한다. "저기, 커피는 어떻게 드릴까요?" "아이스로요. 먹고 갈게요." 실험은 소득 없이 종료되었다.

작가적 호기심으로 둘러댔지만 이런 실험은 안 하는 게 낫다. 주문은 어디까지나 파는 사람이 챙길 일이다. 서두의 예시 또한 개인적 선택일 뿐 권장 사항일 수 없다. 근데 왜, 아는 사람이 그러냐고? 늦게 알았다. 무시하고 있었다. 다음의 얘기를 듣기 전까진.

"음료 이름만 딱 말하는 손님들 있잖아요? 그럼 저는 아, 이분이 나랑 한마디라도 더 섞어 보고 싶어서 그러는구나, 생각해요."

앞서 맞장구를 치던 카페 사장이 웃으며 말했다. '생각해요'는 곧 '생각해 보세요'일 테다. 뜨끔했다. 효율적 의사소통, 경제적 커뮤니케이션에 집착했던 나. 오가는 문답 속에 싹틀, 다른 가능성과 의외의 가치들을 잊고 있었다. 읽고 쓰고 가르칠 때는 그러지 않으면서. 이중적이다. 모순이다. 이 부끄러움을 직시한다. 기록하여 소득으로 남긴다. '작가적 호기심'은 필요할 때만 꺼내 들기로.

05
❋
❋

크루아상
러브

  크루아상을 좋아한다. 아침 빗속에 블랙커피와 먹는 크루아상을 사랑한다. 흔한 조합이지만 여행지 호텔에서의 조식을 떠올리면 사랑이란 표현이 사치는 아니다. 원래는 하얬을 아이보리 색 도자기 잔에 쓰고 검은 물을 따른다. 손가락이 들어가지 않는 뭉툭한 손잡이를 엄지와 검지로 거머쥔다. 두툼한 림에 입술을 대고선 닿을 듯 코를 박는다. 시선은 이미 크루아상에 가 있다. 버터와 원두기 누기 더 고소한가를 겨룬다.

  크루아상을 사랑한다. 비 오는 날의 그것을 애정한다. 풍미가 더 깊고 짙게 느껴지는 까닭이다. 겹겹의 페이스트리를 결 따라 찢어 본다. 비가 괜한 걸 적신 탓일까, n번째 사랑과의 어긋났던 결을 생각한다. 파사삭 바스러진 추억들을 떠올린다. 눈앞에 떨어진 가루들을 손으로 집어 혀끝에 갖다 댄다. 약간의 탄 맛이 나는 것도 같다. 아무 일 없었다는 듯 양손을 탈탈 턴다. 쌓일 대로 쌓인 세월의 겹을 헤아린다. 쓰고 검은 물을 마신다. 미련의 끈적임이 남은 손으로.

빗방울이 맺힌 창밖을 내다본다. 우산들이 지나간다. 둥근 섬들이 떠다닌다. 어떤 섬은 다리로 연결돼 있고, 어떤 섬엔 배가 수시로 드나들겠지. 누구의 접근도 쉬이 허락 않는 외딴섬도 있을 터이고. 책의 돛을 펼친다. 사람이라는 섬을 들여다본다. 나는 군도(群島)에 속하는가 아니면 고도(孤島)로 존재하는가. 언젠가 이곳에 닿을 당신을 기다리며, 바다에서의 역할을 고민한다.

남은 크루아상을 해치우는 사이 비가 그친다. 비 오는 날이 좋은 건 비 갠 날을 만날 수 있기 때문이다. 흐리지 않았다면 맑게 갤 일도 없을 터. 몇 날 며칠 화창한 것과는 또 다른 맑음이다. 남아 있는 촉촉함 위로 몽글몽글한 마음을 포개어 본다. 다시 비가 내린다 해도 사랑할 이유는 충분하다. 그곳, 당신의 날씨는 어떠한가.

06

우린 둘 중 하나이거나
하나여야만 한다

 아침 일찍 눈을 뜨고는 침대에서 몇십 분째 폰만 만지작. 가만 보니 자기 직전에도 그랬다. 안 되겠다 싶어 집 앞 카페로 모닝커피를 마시러 간다. 스마트폰은 놔둔 채, 책 한 권 집어 들고. 폼으로 모셔 놓은 책이 폼 잡는 데 쓰이는 순간이다. 안다. 아무도 나 안 쳐다보는 거. 하지만 난 밖에서 독서하는 사람들을 관찰… 까진 아니고 인지는 한다. 한 소설가가 말하길, 읽는 이들 사이에선 어떤 연대의식이란 게 존재한다. 같은 행위를 하는 것(을 보는 것)만으로 심리적 안정, 동질감을 느낀다. '요즘 그 드라마 봐?', '이 곡 끝내

주지 않냐?' 하는 식으로 일상의 공통 관심사가 되는 타 예술 장르들을 떠올려 보라. 책 이야기라고 못 할 것 없지만 직장에서, 친구들 사이에서 그것이 대화의 주제가 되는 빈도는—적어도 상대적으로는—떨어지는 게 사실이다. 심하게는 별종 취급을 받는 까닭에 조용히 혼자만의 취미로 즐기거나 독서 모임 등을 찾곤 한다.

카페엔 이미 한 사람이 앉아 있다. 그의 테이블 위에, 익숙한 표지의 책이 보인다. 내적 친밀감을 느끼며 나도 갖고 온 책을 펼친다. 이 순간만큼은 음악도 커피도 오직 독서만을 위해 존재한다. 다른 손님과 나, 그리고 카운터 너머의 주인장까지, 우리는 읽는 공동체의 일원임을 확인한다. 서로가 서로를 모른다 해도.

오늘 나의 선택은 『백세개의 모노로그』*, 제목 그대로 103편의 독백이 실린 희곡 모음집이다. 모르는 작품들이 태반이지만 그래서 해석하는 재미가 있다. 차마 소리 내어 읽진 못하고 입 모양만 벙긋하며 따라 해 본다. 표지를 보니 '배우, 자유로운 인간을 위한'이란 부제가 붙어 있다. 그래, 우린 둘 중 하나이거나 적어도 하나여야만 한다. 배우이거나 자유인이거나. 감정을 담은 주름, 말하는 눈동자,

서사와 맥락이 담긴 몸짓을 통해 자기만의 신을 책임져야 한다. 장악까진 아니어도 좋다. 당장 다음 막(幕)을 고민할 필요 없다. 무대에 오른 것만으로 충분하다. 당신에게는 동료 그리고 관객이 있다. 그들과 호흡 맞추고 함께 꿈을 꾸다 보면, 당신이 태어나기도 전에 운명이 꾸어 간, 사랑과 행복을 돌려받을 때가 있을 것이다.

카페는 어느새 손님들로 가득하다. 한창 담소를 나누는 저들도 사람이라는 책을 읽는 중이리라. 남은 잔을 비우고 자리에서 일어난다. 집으로 돌아가는 길에, 아까 못 한 독송을 해 본다. 참고로 정확히 암기한 대사는 아님을 밝힌다.

"당신은 연기를 하면서 '이건 아닌데!' 하는… 자기 연기가 형편없다는 걸 아는 배우의 심정을 짐작조차 못 할 거예요. 난 갈매기에요. 아냐, 그게 아냐. 갈매기를 쏜 적이 있죠…"**

누군가의 흘끔거리는 시선이 느껴진다. 언제부터였는지 모르겠지만 안 한 척 시치미 떼기엔 늦은 듯하다. 계속되는 읊조림에 숫제 손동작까지 곁들여 본다. 진짜 연기 연습이라도 하는 것처럼. '이 배우, 연기파 되려면 멀었군.' 내면의 자유인이 한 소리 한다. 나쁘지 않다. 연기파

까진 아니어도 배우는 배우니 말이다. 오늘의 장(場)이 펼쳐진다.

* 최형인, 『백세개의 모노로그』(청하, 1990)
** 안톤 체호프, 「갈매기」 중에서 니나, 위의 책에서 재인용

07

오늘은
뭘로 할까

 습관 들이기는 어렵지만 버리기는 더 만만찮음을 매번 느낀다. 아침저녁으로 운동하는 루틴은 만들었는데 끝나고 뭐 먹는 버릇은 못 고쳤다. 읽고 쓰기를 꾸준히 한다지만 스마트폰 사용량 역시 무시 못 할 수준. 책 대신 폰을 만지다 잠드는 날이 훨씬 많은 걸 보면, 확실히 활자 중독보다는 도파민 중독이 어울린다.
 '오늘은 뭘로 할까.'
 저녁 메뉴 선정 기준이 '술'일 때가 가끔 있다. 식사에 반주를 곁들이는 걸 넘어, 술에 음식을 매칭시키는 것이다.

오늘은 레드 와인이 당기니 찹스테이크 해 먹어야겠다, 오늘은 고량주가 끌리네, 가지볶음 시켜 먹을까? 하는 식이다. 그야말로 주(酒)가 주(主)가 된 셈. 그렇다고 알코올 중독은 아닌 것(이라 믿고 싶은 것)이 어쩌다 한두 번에 양도 소량이었다. (진짜야, 엄마.)

이런 낙이라도 있어야지, 하며 전형적인 낙 없는 이의 넋두리를 내뱉는다. 며칠 전 마감 세일에 혹해서 산 채끝살과, 다른 밀키트에서 빼 둔 채소들을 손질한다. 유튜브 영상을 따라 하려다 귀찮아서 감에 맡긴다. 어차피 레시피 속 재료, 양념들이 다 있지도 않은 상황. 근본은 없지만 맛은 있어 뵈는 요리가 얼렁뚱땅 완성되었다. 근본 있는 위스키를 꺼낸다. 둥근 얼음이 담긴 잔에 따라 쓸쓸함의 도수를 희석시킨다.

낙은 좋지만 문제는 여기 너무 매달릴 때다. 그냥 굶고 자도 되는 걸 꼭 냉장고를 뒤진다. 그럴 때면 나는 '가짜 허기'(fake hunger)란 말을 떠올리고는 거기에 따르기… 는 천만에, 그것은 육체의 관점일 뿐 나의 이 마음과 기분은 진짜라며, 남은 와인들을 확인한다. 보니까 알코올 '중독'을 '의존증'으로 고쳐 부르던데 이거, 인정해야 하나 싶은 순간이다. 어디 기대는 자체가 문제는 아닐 테니 그 의존도를 분산해 줄 다른 대상들을 찾아보기로 한다. 일단 와인 한잔하면서.

뭐가 있을까. 글쓰기? 이때의 술은 영감의 윤활유다. 달리기? 끝나고 마시는 맥주가 제일이다. 보완재 아닌 대체재를 찾아야 한다. 그리하여 내가 선택한 것은 차(茶). 밤부터 새벽 사이, 가짜인지 진짜인지 모를 배고픔을 차로 달래 본다. 술을 대신하여. '곡차'니 뭐니 하는 소리는 않기로 하고.

차를 마신 지 몇 주째다. 고급 브랜드 찻잎은 아니고 다도 같은 것도 모르지만 밤의 허기를 채우기엔 충분하다. 오래전 우드카빙 클래스에서 만든 찻종과 찻숟갈을 꺼내 다도 흉내를 내 본다. 도(道)에 맞지 않게 한 번 더, 조금만 더, 하다 보니 차의 향기가 옅어질 대로 옅어졌다. 어둠이 짙어 간다. 이미 식어 버린 차를 뜨거웠던 기억으로 홀짝인다. 마지막 한 모금에 숨어 있던 향기가 피어오른다. 연연하던 마음이 마른 찌꺼기로 남았음을 확인한다. 깊은 밤의 티타임을 마무리하며, 내일은 찻잎을 조금만 우려야겠다 생각한다. 희미한 다향 속에 잠을 청한다. 술기운 대신 찻기운이다. 그렇다고 평소 술에 취해 잠들었단 얘긴 아니고. 믿어 줘, 아빠.

08

올드한
청춘 영화

친구들을 만났다. 어디 가면 '라떼'가 될 것도 이 자리서 만큼은 추억의 마중물이다. 우리만의 '응답하라' 시리즈가 시작된다. 꼴에 주워듣는 풍월이 있다고 정치 이슈와 국제 정세, 산업 동향 등에 관해 논한다. 연예인 걔는 왜 그랬대? 기념일에 간 그 식당 괜찮더라 같은 얘기들이 빠지지 않는다. 그래도 주(主)는 각자의 일터에서 또 가정에서 일어나는 에피소드로, 눈물과 웃음, 진심과 한심이 거기 있다. 놀림조의 칭찬과 응원 같은 질타가 서로 간에 오간다. 술잔이 돌고 삶의 영사기가 돌아간다. 회상 신이 재생된다. 다시, 올드한 청춘 영화를 찍는다.

누가 새로운 사랑을 찾았다고 하는 중에 한 놈은 이별의 소식을 전했다. 여전히 스펙터클한 인생도 반가웠고, 한때 그러했으나 지금은 무미건조한 삶도 낯설지 않았다. 이런 다양함 가운데서도 입 모아 하는 소리가 있었으니 그것은 시도와 실행을 더는 미루지 말자는 다짐들이었다. 커다란 도전이건 작은 실천이건 할 수 있을 때 해야 한다는 얘기였다. 시간은 더 이상 우리 편이 아니라는 슬픈 자각과 함께.

멀쩡한 직장을 관두고 지금은 더 멀쩡한 일을 하고 있는 한 녀석이 말했다. ('멀쩡'하다는 건 겉보기에 그렇단 뜻이며 세속적 판단이 가미되었음을 부정하지 않는다.) 스스로 부족하다 여긴 상황에서 해 본 시도가 덜컥 성공으로 이어졌다고 했다. 겸손을 가장한 잘난 척의 요지는 이랬다. 어차피 완벽한 준비란 없다. 그냥 하고 보는 것.

말이 '그냥'이지 그냥이 아님을 안다. 완벽까진 아니어도 흉내는 내야 한다. 녀석에게도 멀쩡하지 못한, 털어놓기 힘든 속내들이 있었을 테고, 1차 결승선을 통과한 지금과 출발선에 섰을 때의 그때가 같지는 않았을 게다.

친구들과의 자리에서 나 또한 작은 성취들을 떠벌렸다.

그리고 큰 실패들을 털어놨다. 그 바탕 위에 새로운 도전을 하고 있다는 고백과 더불어. 천명이라 하긴 거창하고, 앞으로 무엇을 할지, 하고 싶은지 예고하는 정도로만 떠들었다. 주변에 그렇게 뿌려 놓으면 어떤 싹이라도 틔울지 모를 일이다. 못해도 훗날 술자리 안주는 되지 않을까. 실패든 성공이든 아이엔지(-ing)든.

중요한 건 꺾이지 않는 마음이라는데, 일단 그 마음부터가 있는지 돌아본다. 잠시 시련에 굴복한다 하더라도 그것은 애초 꺾일 일조차 없는 것에 비하면 더 나은 삶이라 믿는다. 대단한 각오, 가벼운 결심, 모두 환영이다. 부러지는 게 싫으면 접었다 펼쳐도 되고, 휘어져 다른 길로 가도 되겠다. 얼마든지 흔들려도, 아니 흔들릴 줄 알아야 꺾이지 않는 법이다.

언급한 친구처럼, 스스로 운이 좋았다 하는 이들은 대개가 그 운을 자기 손으로 끌고 온다. 매일의 공력으로 쌓아 올린, 가능성의 더미 속에서 말이다. 물론 진짜로 재수가 좋아서 그 행운을 일찍, 손쉽게 누리는 사람도 있다. 많을지도 모른다. 하지만 우리는 반례에 좌절하고 무릎 꿇을 게 아니라 스스로 다른 의미의 반례가 되어야 한다. 앞으로도 '혹시나'와 '역시나' 사이를 수없이 오갈 테지만, 그 배회가 결코 무의미할 순 없다. 거짓말 같은 행운을 당장 눈앞의 참말로 바꾸지 못한대도 말이다. 겸손한 잘난 척들에 자주 등장하는 '그냥과 어쩌다'는 단 한 번의 시도가 아니라, 수많은 그냥과 반복된 어쩌다 중 하나일 가능성이 농후하다. 여기엔 어느 정도의 시간 투자가 필수이며 그런 면에서 시간은 우리와 같은 편일 수 있다.

술집을 나와 카페로 향한다. 예전 같았으면 2차, 3차를 부르짖었을 텐데 다들 '아아'가 더 당기는 모양이다. 후덥지근한 밤공기 사이로, 지나간 세월이, 꿈같은 장면이 나타났다 사라진다. 그중 일부가 두 뺨 위에 들러붙는다. 크게 심호흡을 하며 코로, 피부로 이 계절을 기억한다. 지금의 절기만이 아니라 인생에 있어서의 여름을. 열기를 논하기엔 열정이, 온기를 말하기엔 따뜻함이 부족했던 그 시절을.

로케이션 장소가 바뀌고 오래된 청춘의 배우들은 다시 액션에 돌입한다. 그 액션이 내일의 땀과 매일의 수고로 이어질 장면을 상상한다. 노파심에 말하지만 지금 이 글을 읽는 당신과 나, 모두는 한때 청춘 배우였거나 지금 그러하거나 둘 중 하나일 것이다. 아무튼 우리는 데뷔는 했다. 그중엔 스타도 있겠지. 하나 모두가 일반적인 스타의 길을 따를 수는 없는 법이다. 저마다 특별한 반례이자 대체 불가 캐릭터로서 스스로의 가치를 증명하면 된다. 때로는 겸허하게, 때로는 호기롭게. 우연과 필연, 혹시와 역시를 넘나들면서.

"하고 있어. 답을 찾을 거야!" (I'm working on it. I'll figure it out!)

영화 〈미션 임파서블〉 시리즈에서 주인공 에단 헌트(톰 크루즈 분)는 해결책을 묻는 동료들에게 이렇게 답한다. 노력 중이라고, 해낼 거라고. 시리즈의 팬이라면 알겠지만 '다 계획이 있어서'라기보다는 '하면서 채워 나가는' 스타일이다. 완벽하지 않아도, 때로는 무모할지라도 실행에 옮긴다. 다행이다. 우리 삶의 미션들이 대개 그 정도로 위험천만하거나 불가능하지는 않기 때문이다. 그러니 가능한 임무부터 수행해 볼 일이다. '레디'가 아니어도 '액션'이다.

09
❋
❋

고양이의
이름으로

 옷장 깊숙한 곳에서 잘 입지 않던 셔츠를 꺼내 걸친다. 매일 가는 빵집이 아닌 다른 곳에서 아침으로 먹을 샌드위치를 산다. 그 덕에 평소와는 다른 길로 출근한다. 익숙한 선곡표 대신 처음 보는 플레이리스트를 재생시킨다. 지금 흐르는 이 음악처럼, 새로운 누군가가 나타나 줄까? 꼭 어떤 사람이 아니더라도, 새로운 오늘이 나를 맞이해 주었으면 하는 바람이다. 그 기대로, 기도하는 마음으로 뭐라도 바꿔 본다. 안 하던 일을 해 본다.

 고양이가 많은 카페에 갔다. 한 녀석을 유독 예뻐하고 있는 내게 주인장이 다가와 말했다. "어머, 고양이 좋아하시나 봐요?" 눈을 연신 깜빡이며 고개까지 갸웃거리는 모습이 '그렇게 안 생기셨는데…'라고 하는 것 같다. 예전에 누군가 나더러 '작가님, 재밌으세요! 그렇게 안 생기셔 가지고, 호호' 했던 기억이 스쳐 지나갔다.

"얘가 우리 집에서 젤로 못생긴 앤데." 사장이 장난스레 말했고, 나는 "못생기긴, 이쁘기만 하구만. 그치?"라며 고양이한테 장난쳤다. 놈은 나 말고 내 자리에 관심이 있었던 건지 내가 잠시 일어난 사이 방석을 냉큼 차지해 버렸다. 그러고는 꾸벅 졸기까지. 졸지에 자리를 뺏긴 나는 마당에서 뛰놀던, 사장이 자랑하던 미묘(美猫)들을 바라봤다. 손님 쫓아낸 진상 알바생은 여전히 일어날 줄을 모른다. '야, 너 젤 못생긴 거 맞는 거 같애.' 식빵 같은 몸뚱이 위로 농담을 툭 던졌다.

고양이가 있었으면 달라졌을까. 예전에 책방을 오픈했을 때 몇몇은 내게 고양이를 키워 볼 것을 권했다. 정서 안정, 영감 고취, 고객 유치 등등 여러 면에서 도움이 될 거란 얘기였다. 무슨 뜻인진 알겠으나 뭐든 '노리면' 될 일도 안 되었기에, 무엇보다 '집사' 될 자신이 없었기에 한 귀로 흘렸던 기억이 난다. 그들도 그냥 해 본 말일 테지.

마당에서 고양이들이 나무를 타고 일광욕을 즐기는 사이, 나는 대청마루에 걸터앉아 그 모습을 관찰했다. 이리저리 스마트폰 카메라를 들이대는 내게, 그중 한 녀석이 다가와 '어머, 고양이 좋아하시나 봐요?' 하는 표정으로 야옹 소리를 냈다. 나는 다른 사람이 들을세라 '야옹' 하고 작은 소리로 답했다. 좋아한단 뜻이었다.

친구들과 헤어질 시간이다. 눈으로 작별 인사를 나눈다. 진상 알바생은 어디서 농땡이 중인지 보이질 않는다. '아깽이'인 줄만 알았던 한 녀석이 키 작은 나무 위에 올라 늠름한 위용을 뽐낸다. 보무도 당당한 고양이처럼 두려움에 맞서기로 한다. 아니, 녀석들에겐 두려움 따위 없을 듯하다. 일상의 탐험이 일생의 모험이 될 날을 그린다. 호랑이보다 용맹한, 내 안의 고양이를 불러 본다. 호기심이 고양이를 죽인다(Curiosity killed the cat)지만 역으로 그것은 존재의 이유가 된다. 고양이를 고양이로 살게 한다.

당신이 당신일 수 있게 하는 힘은 무엇인가. 좌절과 환희, 대개는 그 어느 쪽도 아닌 매일의 편린들이 당신이라는 모자이크를 완성할 것이다. 그러니 하나씩 붙여 나가 볼 일. 혹여 찢기고 어긋난 부분이 있다 해도, 나중에 한 발 물러서서 보는 그림은 분명 다르리라 자신한다. 삶은 오늘이고 우리는 오늘을 산다는 명제를 되새긴다. 과거와 미래는 시간 아닌 관념이란 깨달음을 고양이한테서 확인한다. 읽고 쓰며, 살며 사랑하며, 우리 모두 이야기되어 만나기를. 맑음과 흐림, 빛과 어둠, 그 사이 번짐과 희미함마저 아름답기를. 여기, 고양이의 이름으로 기원한다.

10
❋
❋

이건 정말
브라우티건적이군요

 리처드 브라우티건을 읽었다. 그를 알게 된 건 연희동에 있는 어느 음악평론가의 작업실이었는데 거기 『미국의 송어낚시』가 꽂혀 있었다. 초대를 받아 모인 사람들은, 주인장이 창간호부터 모았다는 영화 잡지 키노를 구경하고, 정태춘의 〈92년 장마, 종로에서〉를 카세트테이프로 들었으며, 저녁으로 피자를 시켜 먹었다. 레트로를 주제로 각자의 추억의 물건을 소개하는 시간이 있었고, 니는 보이즈 투 멘 CD를 몇 장 챙긴다는 게 정작 중요한 앨범은 빠트린 상태였다. 재생되지 못한 곡들의 자리를 스토리텔링으로 메웠다.

집으로 돌아가는 길, 머릿속을 맴도는 이름은 정태춘도 보이즈 투 멘도 아니었다. 브라우티건, 송어낚시… 제목에 관한 흔한 에피소드처럼 '낚시 서적'으로 오인하는 일은 없었지만 그것은 분명 내 호기심을 낚고 있었다. 태양빛이 부서지는 호수의 물비늘, 그 아래 춤추는 은빛 비늘들. 서울의 지하철 안에서 떠올리는 미국의 목가. 상상 속 그곳과 경험한 적 없는 그때를 추억한다. '레트로' 열차로 갈아탄다.

문제의 책을 집어 든다. 책장을 넘기는 손끝에 트라우트(trout, 송어)의 펄떡임이 전해진다. 그것은 생장과 활기 아닌, 소멸 가능성으로서의 살아 있음이다. '물속으로 터져 나온, 유성처럼 떨어져 나간 정액'* 같은 것이다. 죽음이 찬란한 생의 화두이듯 삶은 사멸 직전 가장 크게 노래 된다. 펄떡임, 몸부림, 죽은 물고기의 눈에 비친 아메리칸드림.

그러고 보니 표지 그림이 예사롭지 않다. 검은 와인병을 배경으로 좌상향하는 송어. 여기서 왼쪽 방향은 과거로의 회귀를 나타내고—연대표, 되감기 버튼 같은 것들을 떠올려 보라—위를 향한 몸짓은 상승인가 싶었더니 절멸이더

라. 허연 배를 드러내며 죽기 직전의, 수면 위로 떠오르는 송어의 모습. 그것은 본문 삽화로도 실려 있는데 해당 챕터의 제목은 '포트 와인에 취해 죽은 송어'다. 포트 와인에 취해 죽은 송어를 기리며, 팔다 남은 포트 와인을 마셨다.

이후 다른 작가의 입에서 그 이름이 나오는 걸 들었다. 그는 여름 어느 카페에서 '브라우티건 블렌드'란 커피를 마시고는 이렇게 말한다. '커피의 맛은 정말로 브라우티건적이었는데 깊고 쌉쌀한 맛이지만 평범하지 않은 부드러움이 있었다.'** 앞서 카페 주인은 '진한 맛에 가깝고 니카라과와 코스타리카를 섞은 것'이라고 설명했다. 그게 브라우티건적인 건가? 맛을 봐야겠다.

일차로 해당 카페를 구글링했으나 허사. 출판사에 문의하려다 작가 프라이버시 어쩌고 할 거 같아서 관뒀다. 배전도와 블렌드 비율은 모르는 상태에서 '나라'만 일치하는 커피라도 찾아보는데 그마저 쉽지 않았다. 한 핸드드립 전문점에서 니카라과 싱글 오리진을 시켜 놓고—다행히 그건 있었다—바리스타에게 물었다. 브리우티건, 아니 니카라과-코스타리카 블렌드는 어떤 맛이냐고. 구체적 산지, 가공 방식 등에 따라 차이가 있겠으나 지금의 잔과 크게 다르지 않을 거란 답이 돌아왔다. 화사함이 더 부각되는 정도? 설명을 들으며 잔에 코를 대는데 그곳은 이미 화원이었다. 과수원을 이웃한. 첫 모금에 수줍은 꽃잎이 피어나더니 바람에 씻긴 과일 향이 뒤를 받친다. 브라우티건은 『완벽한 캘리포니아의 하루』에서 '봄이 되면 젊은 남자는 환상적인 사랑에 빠진다고 한다. 시간만 넉넉하다면, 그 남자의 환상에 커피 한 잔의 공간은 있을 것이다'라고 했는데 바로 거기 놓일 법한 커피다. 밝으면서 그윽하고, 찬란한 가운데 처연하다. 컵 노트 카드에 이런저런 단어들을 지우고 '봄'이라고 쓴다.

'깊고 씁쓸하면서도 평범하지 않은 부드러움'이란 감상이 틀렸단 얘긴 아니다. 어찌 보면 이건 웬만한 스페셜티 커피에 통용되는 표현이다. 이 평가가 어울리는 소설가들도 굉장히 많다. 브라우티건 말고도. 그러니 커피를 맛본 후 "정말 브라우티건적인데요?" 하는 손님에게 "이런, 실수로 W. G. 제발트를 서빙해 드렸네요."라고 해도 이상하진 않을 테다. (알베르) 카뮈적, (레이먼드) 카버적, (에밀) 아자르적, (커트) 보니것적, (J. D.) 샐린저적… 다 가능하다. 그러고 보니 나도 한때 '헤밍웨이적 커피'를 판매한 적 있다. 어니스트 헤밍웨이의 작품과 거기 어울리는 드립백 커피를 묶어 상품으로 내놓았다. 그래도 주관보다는 객관에 기댄 것이, 책은 『킬리만자로의 눈』이었고 원두는—킬리만자로 산이 있는—탄자니아산(産)이었다. 누군가 이 커피를 두고 '깊고 씁쓸하면서도 남다른 부드러움이 있다'고 평한다면 나는 고개를 끄덕했을 것이다.

문제의 브라우티건 커피를 텍스트 밖으로 테이크아웃하는 대신 나는 나만의 그것을 찾기로 했다. 밤새 원고와 씨름하다 들른 맥도날드에서 나는 에그 맥머핀과 해시 브라운과 드립 커피가 포함된 세트를 주문하며 지금의 상황이 매우 브라우티건적이라 생각했다. 『미국의 송어낚시』에서 주인공 일행이 '기름에 튀긴 감자와 달걀과 커피'로 아침식사를 하던 장면이 떠올랐다. 마찬가지로 동이 트기 전이었고 어디론가 떠날 채비를 하고 있었다. 나도 그들처럼 무지개송어를 만날 수 있을까? 내가 오를 산과 지나야 할 협곡과 그리하여 다다를 호수들의 지도를 짚었다. 다른 한 손에 브라우티건적 커피를 쥔 채로.

기왕 길어진 커피 얘기, 하나만 더 하고 마무리하자. 다시 '송어'를 낚던 중 다음의 문장에 찌가 걸린다. '그는 거기서 구리로 된 냄비에 진한 터키산 커피를 끓였다. 나는 커피를 마시고, 오래된 책들을 읽으며…'*** 터키산 커피? 원문을 들추니 'he brewed cups of thick Turkish coffee'라 나온다. thick Turkish coffee, 결론부터 말하면 이것은 진한(strong) 터키산(産)이 아니라 눅진한(thick) 터키식(式)이 맞다. 동시에 '스트롱'하기도 하겠지만 말이다. 참고로 터키시 커피는 원두 미분을—전통적으로 구리 주전자에—물과 함께 끓여서 달여 낸다. 몇 번 마셔 본 바 묵직한 질감이 매우 인상적이었다. 터키식이면서 터키산일 수 있는 거 아니냐고? 터키, 즉 튀르키예에서는 커피가 재배되지 않는다.

"브라우티건 좋아하세요?" 서두의 모임에서 『미국의 송어낚시』를 구경하고 있는 내게 호스트가 물었다. 하나도 모르는 주제에 '잘은 모른다'고 아는 척했다. 잘 모르기는 지금도 마찬가지나 그때 같은 '척'은 아니다. 이제는 누가 브라우티건을 좋아하느냐고 묻는다면 주저 없이 그렇다고 말할 것이다. 자신만의 리얼리티를 만들어 낸 쿨 에이드 중독자를 좋아한다. 벤자민 프랭클린 동상 아래서 포트 와인을 홀짝이던 애주가를 좋아한다. 카운터컬처란 이름의 말에 올라 로데오를 했던 카우보이를 좋아한다. '막 1분이 되기 전의 영원한 59초'와도 같은 섹스를 끝낸 뒤 수줍어하는 남자를 좋아한다. 브로리건, 브롸리건, 부를수록 근사한 그 이름을 좋아한다. 발음하면 안면 근육이 절로 부드러워지는데, 브라우티건은 'Brautigan'을 소리 낼 기회가 남들보다 적었음이 분명하다.

어떤 원고든 받아 주는 도서관을 상상한, 긴 무명의 터널을 지나온 작가를 좋아한다. 단어를 물감처럼 흩뿌리고 덧칠하는 시인을 좋아한다. 자신만의 '황금펜촉'이 있는 예술가를 좋아한다. 그것을 조심스레, 하지만 분명하게 눌러 쓰는 소설가를 좋아한다. 펜 뒤로 드리워진 그림자를 따라 걷고 또 걷는 방랑자를 좋아한다. 여명이 내걸린 산마루와 눈이 녹은 하천과 송어의 무지갯빛 지느러미는 얼마나 아름다운가! 외치는 자유인을 좋아한다. 생의 파편과 자연의 조각들을 모아 이상과 순수의 녹색 모자이크를 완성하려 했던 따뜻한 냉소주의자를 좋아한다. 통합적 해체주의자를 좋아한다. 스러진 육신과 사라져 가는 영혼들의 구원자를 좋아한다. 이 모든 브라우티건적인 것들을 사랑해… 마지않는다.

* 리처드 브라우티건, 김성곤 옮김, 『미국의 송어낚시』(비채, 2019)
** 박솔뫼, 『책을 읽다가 잠이 들면 좋은 일이 일어남』(위즈덤하우스, 2024)
*** 리처드 브라우티건, 김성곤 옮김, 『미국의 송어낚시』(비채, 2019), Richard Brautigan, 『Trout Fishing in America』(Mariner Books, 1989)

11
❋
❋

부모님의
여행 노트

"여기다 써 주세요."

나는 부모님께 작은 노트 하나를 건넸다. 시애틀행 비행기를 기다리는, 인천 공항 라운지에서였다. 처음으로 셋이서 떠나는 미국 여행. 그 흔치 않을 여정과 감상을 기록으로 남기고 싶었다. 아무 얘기든 편하게 쓰면 된다는 나의 말에 두 분은 그러겠노라 답했다. 이후 '학생들의 과제'는 주로 하루를 마감하는 숙소에서 이뤄졌다. 새하얀 일기장에 여행의 손때가 묻어갔다. 납작하던 새 노트가 이야기들로 부풀어 오를 무렵, 19일간의 미국 서부 일주도 어느새 끝이 났다.

노트는 우리와 함께 무사 귀환했지만 나는 한동안 그것을 서랍에 넣어만 두었다. 여행지에서 펼쳐 본 적 없고, 돌아와서도 손을 대지 않은 건 그 존재를 잊어서는 아니었다. 읽었다간 눈물이 핑 돌 것 같았다. 이상하게, 이유 없이 말이다. 아버지께 말씀드렸더니 '뭘 그런…' 하는 표정과 함께 미소가 돌아왔다. 나는 멋쩍게 따라 웃었다.

노트를 확인한 건 그로부터 수개월이 지나서였다. 어머니가 몇 줄을 보태는 데 그친 가운데, 그것은 아버지가 쓴 가족 여행기라 할 만했다. 사실상의 단독 저자였다. 다시 미국 땅을 밟는 기분으로 '1인칭 아빠 시점'을 따라가 보았다. 예상했던 감상을 마주하고, 몰랐던 통찰과 조우했다. 고맙고 뿌듯한 순간과 죄송하고 부끄러운 기억이 서부 영화 속 회전초처럼 뒤엉켜 굴러다녔다. 다행히 눈물이 나진 않았는데 다음에 또 그러리라곤 장담할 수 없었다. 그것은 말 아닌 글이기 때문이었다.

슬픈 글이어서가 아니라 그냥 '글'이기 때문이었다. 평소 허심탄회한 대화를 마다 않고, 여행 기간에도 종종 흉금을 털어놓던 우리 가족이기에 무슨 '말로 못 한 얘기'가 노트에 담겨 있진 않았다. 그러니 내용도 내용이지만 글이라는 형식 자체가 마음을 간질인 것도 사실이다. 왜냐하면 부모님의 일기, 감상문 같은 걸 읽을 기회가 잘은 없으니까. 그것도 손으로 꼭꼭 눌러쓴.

아버지의 몇몇 글씨는 알아보기 힘들었으나 전체 감상에 걸림돌은 되지 못했다. 굳이 여쭈어 해독하진 않았다. 이 글자, 저 단어, 뭐로 읽든 말이 되고 다 좋았다. 같은 내용의 이야기라도 아 다르고 어 다르다지만, 나로선 한 사내의 자아(我)와 언어(語)를 발견한 것만으로 수확이었다. '인생은 방랑자! 또 다른 여행지를 향해서 꿈을 안고 간다.' 만일 책으로 펴낸다면 아버지의 이 말을 띠지에 싣고 싶다는 생각을 했다.

그렇담 제목은? 미국에서의 마지막 밤, 부모님과 와인 한 잔 기울이며 다음의 우스갯소리를 한 적 있다. 내가 여행에세이 제목을 구상해 봤는데 그중 하나가 '다시는 가나 봐라'라는 얘기였다. 지금 봐도 어그로성 제목으론 나쁘지 않은 듯하다. 그런데 아버지의 글을 읽고 나니, 당시 농반진반으로 던진 개그가 실지론 진담이 되어 가고 있음을 깨닫는 중이다. 정말이다. 다시는 가나 봐라. 가이드로서의 준

비나 아들로서의 됨됨이가 부족한 채로 같이 또 가나 봐라. 다음 여행은 다를 것임을, 이참에 선언한다.

노트의 마지막 장은 귀국을 앞둔 샌프란시스코 공항에서 쓰였다. 이륙 대기 시간이 길어지는 가운데 아버지의 펜은 쉴 줄을 몰랐다. 어머니가 그 장면을 보고는, 나의 작가로서의 자질이 아버지로부터 비롯된 거 같다고 말했다. 탑승 게이트에 불이 들어왔다. 기억의 심지에 불을 붙인다. 어린 시절 나는 아빠가 그려 주는 말 그림을 좋아했는데 그것은 당장이라도 살아 뛰쳐나갈 것만 같은 기세였다. 노트를 채운 역동적 필치에서 그때 그 말이 떠올랐다. 서부의 황야에서 보았던 야생마가 거기 있었다.

아버지 그리고 어머니의 계속되는 일기를 상상한다. 더불어 나의 이야기에 박차를 가한다. 달리고 걷다 지칠 때면 라스베이거스 호텔 방에서, 샌프란시스코 공항 대합실에서 글을 쓰던 당신의 모습을 추억하리라. 갈기를 휘날리며 광야를 내달리는 말들의 풍경을 그려 보리라. 작가는 여행자. 또 다른 책을 향해 꿈을 안고 쓴다.

01
❋
❋

어린 날의
끄적임

첫사랑과 첫눈 속에 첫 키스를 하던 추억. 떠올리는 것만으로 달뜬 기분이다. 붕 뜬 마음을 풍선 삼아 하늘로 올라선다. 두 다리가 대롱대롱하니 옆구리가 간질간질. 짜릿하면서 저릿하고, 이상한데 좋아.

누구, 언제, 어디였는지 기억은 희미하다. 몇 가지들이 안개처럼 뒤섞여 예쁜 파스텔톤을 만들어 냈는지도 모르겠다. 지나간 것은 지나갔기에 아름다운 법이다. 처음이라면 더하다.

또 다른 처음을 생각한다. 태어나서 처음 쓴 글, 처음으로 상 받은 글, 처음으로 상처 준 글, 처음 써 본 편지와 처음 올린 블로그 글. 그 무수한 최초들. 기억은 안개보단 암흑 속에 자리한다. 진짜 처음은 아닐지언정 거기에 가까운 순간들을 더듬어 살핀다. '태어나서 처음 쓴 글'부터.

어렵다. 받아쓰기, 낙서, 이런 거 말고, 어린 꼬마가 고사리 손으로 끄적였을, 유치한 감정의 소산엔 뭐가 있었을까. 아무래도 일기려나. 그림일기 제외하고 기억하는, 가장 오래된 일기가 있기는 하다. 초등 저학년 때로 '비가 내리는데 우산이 있는데도 안 쓰고 쫄딱 맞았다'는 내용이다. 빗속을 노닐던 아이와 그때의 골목이 눈앞에 펼쳐진다. 어제처럼 생생하다. 기분이 좋았던 나머지 '들어가서 공책에다 남겨야지' 했던 것까지. 비는 왜 맞았냐고? 우산이 없었다면 아마 뛰었을 테다. 그런데 한두 방울 닿는 비는 싫어도 온몸으로 맞는 비는 시원했다. 물놀이 같고 샤워장 같았다.

글로써 처음으로 상을 받은 건 그보다 더 커서였다. 교내 백일장 논설문 부문이었는데 제목이 '논설문을 쓰지 말자'였다. '논설은 말이 좋아 설득이지 강요로 흐르기 쉽다. 타인의 주체적인 사고를 방해하지 마라. 본인도 이 글을 마지막으로 다시는 논설문을 쓰지 않겠다'가 골자였다. 개똥 같은 소리에 개그상을 준 건 아닌가 싶기도 하다.

글은 누군가의 마음을 어루만지기도 헤집기도 했다. 어린 시절 나는 하고 싶은 얘기가 있으면 입 대신 손을 빌리곤 했는데, 문제는 그 하고픈 얘기라는 게 비판, 지적, 불만 토로였다는 거다. 칭찬, 감사, 사랑 고백이기보다. 그러니 문제아라 불리던 동급생에게 쪽지를 건넸을 때, 그의 입꼬리가 올라갔다 이내 내려간 것도 당연했다. '친구들 괴롭히지 말자, 선생님 말씀 잘 듣자' 따위의 주제넘은 훈계가 거기 있었다. 상대의 자존감을 고려하지 않은 처사였다. 변명 같지만 철없던 시절이었다.

부끄러운 고백을 더하자면, 비슷한 시기, 엄마한테도 그런 유의 편지를 안긴 적 있다. 화 잘 안 내는 엄마가 크게 혼을 낸 적이 있었는데, 나는 그게 억울하기도 서럽기도 해서 딴에는 해명이랍시고 몇 자 갈겨쓴 거다. 전화기 옆에 놓인 메모지에다. 쓰기라는 행위를 통해 내면의 평화라도 찾았으면 좋았으련만 철모르는 애한테 기대할 일은 아니었다. 글은 처음의 의도와 달리 '엄마가 잘못한 점'으로 시작해 '자꾸 그러면 엄마랑 말 안 할 거야'로 마무리되는데 내가 봐도 한 대 쥐어박고 싶을 정도다. 지금의 나보다 훨씬 어렸던 여인에게 나는 무슨 성인(聖人)의 태도를 요구했던 것인가. 엄마는 말없이 종이를 내려놓으며 한숨과 함께 돌아섰다. 축 처진 어깨에 슬픔이 타고 흘렀음은 철부지 꼬마라도 알 수 있었다. 두 손을 모아 떨어지는 슬픔을 받아 내기엔 몇 뼘이 모자랐다. 그 손으로 지금 이 글을 쓴다.

첫 글의 추억을 곱씹으며 삶의 마지막 텍스트를 상상한다. 첫사랑이 있듯 끝 사랑도 있는 법인데 '태어나서 처음'을 지나 '죽기 전에 마지막으로' 쓰게 될 글은 뭘까. 유언장? 묘비명? 아니. 어떤 사고가 있지 않는 한, 그 작성 이후로도 수많은 '쓰기들'이 존재할 것이다. 인생 첫 글이 뭐가 될지 몰랐던 것처럼 마지막도 그럴 공산이 크다. 다만 준비는 할 수 있을 터. 오늘의 쓰기가 마지막일지 모른다는 자세로 책상에 앉는다. 사멸을 앞둔 절박함이 아니라 지금 살아 있음에 대한 단정한 예(禮)다. 그런 마음가짐으로 일기를 적는다. 이야기를 짓는다. 숨은 사랑의 메시지가 당신 곁에 꽃으로 피어나기를. 주문인 듯 부적 같은 고백의 서(書)를 이곳에 남겨 둔다.

02

세상 따분한 모노드라마

나른한 오후, 지인이 하는 재즈 카페에 들러 시답잖은 농담을 주고받는다. 이참에 혼자서는 힘든 미소 연습을 해본다. 공허가 합석하기 전에 자리를 옮긴다. 노트북을 펼친다. 이제 말 아닌 글의 시간. 아까의 농담보다는 덜 시답잖아야 할 텐데.

자판을 두드린다. 의미 없는 알파벳의 나열이 나를 반긴다. 외면한다. 백스페이스키를 눌러 미운 자화상을 지운다. 다시 새하얀 캔버스를 마주한다. 허전한 마음과 복잡한 머릿속. 비어 있는데 어지러운 건 뭘까. 물음 뒤에 졸음이 피어난다. 여전히 나른한 오후. 감미로운 재즈 선율에 선잠을 깬다. 사장님의 즉흥 피아노 연주가 시작되었다. 꾸벅꾸벅하던 고갯짓으로 까딱까딱 박자를 맞춘다. 키보드가 건반인 듯 손을 따라 놀린다.

흉내는 거기까지다. 뮤지션이 청중의 마음을 두드리는 동안, 나는 그저 갑갑한 속을 두드릴 뿐이다. 피아니스트의 타건(打鍵)이 근사한 울림이라면, 나의 그것은 울부짖음에 다름 아니다. 곡(曲)과 곡(哭) 사이 깊은 골에 빠져 허우적댄다. 나도 멋진 작품을 들려주고 싶은데 말이지.

깜빡이는 커서를 메트로놈 삼아 생각의 호흡을 다듬는다. 그러다 탁 하고 글의 숨통이 트이는 순간을 기대한다. 마냥 기다릴 수 없어 마중을 나간다. 아무 말과 함께지만 개중 괜찮은 녀석들도 있겠지. 쓸 만한 놈끼리 짝을 지으면 더 나으리라. 영감의 신을 구슬려 창작의 샘으로 가 보자.

이상은 나만이 볼 수 있는 모노드라마. 꿈에서 아무리 바쁜들 남들 눈에는 그저 잠든 모습일 뿐이다. 쓰는 이의 짓는 과정이란 게 그렇다. 기획, 구상, 습작, 뭐가 됐든 뭘 하는 거 같지가 않다. 작가가 불태우는 예술혼은 그것이 소신되고서야 비로소 독자 앞에 불꽃으로 되살아난다. 그 전까지의 담금질은 티 안 나고 태 안 나는 과정이다. 지루하고 지난한 정적 행위다. 동적이라고 해 봐야 백지 앞에서 한숨 쉬거나 머리 쥐어뜯는 장면이 고작일 것이다. 여타의 예술과 비교해 보라. 예를 들어 노래를 만들고 안무를 짜고 스케치를 하는 활동들은 그 자체로 볼거리가 되기도 한다. 연습이고 제작 과정인데 감상할 구석이 있다. 반면 시, 소설, 에세이 등 텍스트 예술은 메이킹 필름을 만든대도 담을 게 많지 않다.

피아노 연주가 멈췄다. LP가 임무를 이어받는다. 문학을 위해선 '무낙'(無樂)을 인고할 줄 알아야 한다고 한 줄 썼다가 지운다. 몇 시간 동안 생각해 낸 게 고작 이거라니. 심기일전의 자세로 빈 화면을 응시한다. 나만의 악보를 상상한다. 희곡을 그려 본다. 소리 없는 독주, 관객 없는 일인극의 막이 다시 오른다.

03
❋
❋

당신의 실패를
삽니다

　작가들의 글쓰기 에세이를 좋아한다. 쓰기를 가르치는 작법서 말고, 쓰는 자기를 드러내는 이야기 모음 말이다. 글 쓸 곳을 찾아 카페를 전전하다, 안 되겠다 싶어 작업실을 마련했다가, 다시 또 다른 공간을 찾아 헤매는 누군가의 일화에 손뼉을 친다. 연필은 칼로 직접 깎아 쓰고, 아침은 무조건 크루아상으로 시작하는 모 작가의 루틴이 흥미롭다. 집필이 여의치 않은 상황에서 급한 마감을 지키느라 이렇게까지 해 봤다는 어느 소설가의 고백이 가슴에 와닿는다.

동질감이라 하기엔 부끄럽다. 워낙 유명 작가들인 까닭이다. 팬심과도 거리가 있는 것이, 해당 문인의 저작들을 몇 권 읽어 보지도 않았다. 다른 대표작들은 제쳐 둔 채 '글쓰기 에세이'로만 접한 작가들도 많다.

동질감도 팬심도 아니라면 뭘까. 나와 다른 존재에 대한 호기심, 소설가 선배님들을 향한 경외심 정도로 정리해 두자. 우선 '쓸 곳'에 대해 말하자면 나는 어디든 크게 상관않는 유형이다. 스타벅스를 주로 찾긴 하나 집에서 가깝고 아침 일찍 연다는 이유가 다다. 어차피 한곳에 오래 머무르는 걸 좋아하지 않기에 다른 프랜차이즈, 동네 커피숍 여기저기 다닌다. 레스토랑과 바를 가리지 않는다.

이런 내게 '궁극의 작업실'이란 상상하기 어렵다. 그러면서 문인들의 사랑방 얘기엔 귀가 또 쫑긋해진다. 하루는 모 소설가의 단골 카페, 전용석에 앉아 그가 즐겨 먹는다는 메뉴를 주문해 보기도 했다. 따라 하면 무슨 행운이 따라올까 싶어서. 다분히 미신적이긴 한데 당시 나는 소설 공모전에 연거푸 탈락하는 중이었고 그는 권위 있는 문학상을 두 개나 거머쥔 상태였다. '만나면 알은체를 해 볼까? 사인 받게 책이라도 챙길걸 그랬나?' 하며 시간을 보냈으나 그를 볼 순 없었다. 일어서며 테이블을 스윽 문질렀다. 당선의 기운이 거기 묻어 있기라도 한 듯. 그러다 문득 깨달았다. 작가가 그 자리에 두고 온 것은 탈고의 환희만이 아니라 쓰고도 버려야 했던, 숱한 초고들의 영혼이란 사실을. 테이블 위 손바닥을 천천히 떼며 나는 그 실패의 기억까지 데려가기로 했다.

출근 도장을 찍던 가게가 있었다. 카페는 아니고 햄버거집. 맥도날드 단국대점인데 현재는 문을 닫았다. 노트북 하는 학생들이 대부분이라 패스트푸드점치고는 조용한 분위기였다. 2층 창가 자리에 앉아 캠퍼스 전경을 내다보며 글을 쓰면, 그렇게 잘 써질 수가 없었다. 무엇보다 커피가 싸고 맛있었다. 그때까지만 해도 이탈리아 라바짜 원두를 썼던 걸로 기억한다. 몇 잔이고 마셨었다. 프리랜스 에디터로 일하며 대학원 공부를 하던 시절이었는데, 거기서 무슨 연구 보고서도 작성하고 무기명 칼럼도 송고하고 자기소개서와 더불어 소설도 썼더랬다. 자소설 말고 진짜 소설.

진짜라고 강조했지만 그것은 진실된 허구인지 거짓된 실상인지 가늠할 길 없는, 세상의 빛을 보지 못한 이야기타래였다. 어쩌면 소설 흉내를 내고 싶은 사변의 조각 모음이었는지도 몰랐다. 치열하게 쓰고 고치고 버렸다. 처량하게 넘어지고 돌아섰다. 커피 미분 같은 씁쓸한 미련이 입안을 맴돌았다. 계속해서 여러 신춘문예, 공모전의 문을 두드렸으나 내 원고를 내다보는 이는 없었다. 작은 인사조차 듣지 못했다. '광탈'했다는 뜻이다.

내 가능성과 잠재력이 발견된 건 다른 장르, 다른 출판사를 통해서였다. 이 책의 원고 계약을 앞두고 출판사 대표와 편집장이 내게 이런 말을 했다. 수십 번 떨어진 지난 실패의 경험을 높이 산다고. 쓰고 또 써야 했던 도전의 세월에 공감한다고. 그것이 지금 당신들의 투자를 있게 했다고. 워딩은 조금 달랐지만 큰 뜻은 이랬다. 스타 작가의 영업 비밀을 보여 주는 것도 대박 작품의 뒷얘기를 들려주는 것도 아니지만 이 산문집 역시 서두에 말한 '글쓰기 에세이'에 해당할 것이다. 글에 좌절하고 글로 위로받던 시간들을 여기 펼쳐 놓는다. 수없이 깨지면서 틈틈이 깨친 바를 풀어 놓는다. 끝으로 이 책은 요시노 겐자부로의 소설 『그대들, 어떻게 살 것인가』에 착안해 우리가 어떻게 시간을, 지혜를, 힘을, 그러면서 글을 쓸 것인가 답하는 과정에서 나왔음을 밝힌다. 질문을 던진다. 그대들, 어떻게 쓸 것인가.

04
❋
❋

인용,
빌리거나 훔치거나

 책을 읽었다. 다 읽었다. 그런데 오른손 엄지와 검지 사이에 페이지가 아직이다. 참고 문헌 목록이 만만찮다.

 그러고 보니 방금 지나온 장(章)의 제목이 '작가의 말'이다. 저자 후기, 맺음말, 에필로그, 마무리하며… 도 아니고 작가의 말이라니. 지금까지 본문은 '작가의 말'이 아니었나? 나는 작가가 의도적으로 그 표현을 쓰지 않았나 추측하며 스르륵 책장을 반대로 넘긴다. 그 속에서 '남의 말들'이 튀어 오른다. 주로 저명한 작가들에 간혹 학자들이 섞여 있다. 합쳐서 권위자라 불릴 만한.

무릇 에세이라면, 더구나 본인 이름 옆에 엮은이가 아닌 '지은이'가 붙어 있다면 자기 생각을 써야지 타인의 언어에 기대선 곤란하다, 따위의 주장을 펼치려는 건 아니다. 고백건대 나는 인용(引用)을 사랑한다. 간혹 '난 이렇게나 많은 작가들을 알고, 저렇게나 심오한 사상들을 꿰고 있지' 하는 식의 자기 과시들도 만나지만, 그에 대한 비판들도 이해하지만, 그럼에도 인용을 향한 나의 애정은 유효하다. 이것저것 끌어다 맥락 없이 나열하는 건 문제라고? 지당한 말씀이다. 그런데 엔간한 식자들은 그런 아마추어 짓 안 하더라. 언급한 책의 저자도 마찬가지였다.

지(知)의 향연에 빠진다. 허우적대는 손길에 잡히는 건 질투와 부러움이다. 책에 등장한 책, 글이 참고한 글들을 그러모은다. 일부 원문을 찾고 온라인 서점 장바구니를 채운다. 시몬 베유, 수전 손택, 조르주 페렉… 인터넷에서 검색한, 인용에 관한 사상가의 명언들을 늘어놓으려다 관둔다. 아마추어 같다. 다시 책을 펼친다. 작가는 인용의 문제점을 지적하는 것에 대해 인용으로 받아친다. 대신 인용은 이래서 좋다는 둥 저래야 한다는 둥의, 그러니까 내가 속성으로 수집한 단편적인 문장 같은 것들엔 의존하는 법이 없다. 인용에 대한 색다른 접근법이 한나 아렌트, 발터 벤야민 등의 입을 빌려 제시된다. 해당 저작을 숙독하고 전체 맥락을 파악한 후라야 가능한 '끌어 씀'이다. 이게 프로구나. 지적 허영과 열등감의 포로인 나는 책으로 그 탈출을 시도한다. 그러면서 다시, 읽기라는 감옥에 옮긴다. 도저한 학자들의 웅숭깊은 사상들이 말을 건넨다. 마치 자신을 데려가 달라는 듯. 권위는 나에게로 이동한다. 위계가 재편된다. 독자이자 저자이자 인용 가능자로서의 권위를 지키기 위해서라도 눈앞의 텍스트를 더욱 힘껏 끌어안는다. 원전의 일부가 인용문이란 이름으로 새로운 질서를 창출한다. 다른 콘텍스트 안에서, 어느 작가에 의해서, 이름 모를 독자들 앞에서. 작가는 나이기도 하고 당신이기도 하다. 독자는 나를 포함한 여러분이다. 합쳐서 권위자라 부르고 싶은.

인용이 가득한 책을 써 보리라 다짐한다. 점철(點綴)이 되었대도 좋다. '흐트러진 여러 점이 서로 이어지다', '관련이 있는 상황이나 사실 따위가 서로 이어지다'란 뜻이니 외려 영광이겠다. 그만큼, 어쩌면 훨씬 더 수고로울 테지. 주석과 찾아보기 등을 징검돌 놓고 새로운 세계로 가는 길을 안내한다. 그 여정에 맥락과 질서를 부여한다. 미래에서 온 전통, 위계 없음의 위계, 해체로 완성되는 권위가 옆을 따라 흐른다. 그 물에, 질투가 묻은 손을 씻는다.

05

기대를 안 했다면
거짓말이다

  '누구의 무슨 책' 있냐고, 한 손님이 묻는다. 누구요? 아, 낯설지 않은 이름이다. 금융 쪽에서 일하며 산문집을 몇 권 낸 분으로, 얼마 전 TV 책 프로그램에 그의 최근작이 소개되기도 했다. 나도 방송을 봤던 터라 금세 기억이 났다. 손님이 찾던 건 그 '최근작'이었는데 아쉽게도 우리 책방엔 없었다. 하지만 다행히도 그의 전작(前作)은 있었기에 손님께 넌지시 여쭈었나. 같은 작가의 다른 에세이는 어떠시냐고.

  무슨 '꿩 대신 닭'을 권했단 얘기는 아니다. 손님께 제안

드린 그 책 역시 심혈을 기울여 큐레이션한 도서다. 작가의 신간이 미디어의 주목을 받기 전에 깐깐한 눈으로 발굴한 작품이다. '발굴'했다는 건 그것이 상대적으로 대중에 덜 알려져 있다는 뜻이다. 보통 인터넷서점 리뷰 수, 인스타그램 해시태그 수 등으로 판단하는데, 확실히 해당 수필은 관심도가 높지 않았다. 내가 입고 도서로 고를 때까지만 해도 그랬다. 나중에 보니 그 신작이 화제를 모은 덕에 전작들에도 관심이 전해진 모양이었다. 은근하면서도 유의미한 반응들이 감지됐다. 여전히 한 자릿수지만 리뷰 수가 늘었다. 그 대부분이 책 출간 이후 수년이 지나 달린 것들이었다.

두 권 이상의 책을 낸 작가라 했을 때, 다음 몇 가지 상황을 상정해 볼 수 있다. 데뷔작부터 연타석 히트를 치는 사례가 있고, 첫 책의 성공이 계속해서 이어지지 않는 경우도 많다. 반대로 '화제의 신간'으로 주목받는 작가라도 그 전작의 성적표는 신통치 않을 수 있다. 하지만 신통치 않은 건 판매량일 뿐, 개중엔 내용이며 만듦새가 뛰어난 책들 또한 적지 않다. 이런 작품들은 모래밭 사금처럼 숨어 있는 듯하다가 또 언젠가, 누군가에 의해 발견되기 마련이다.

시작이 미미해도 끝은 창대할 수 있다. 끝이 끝이 아닐 수 있으며 반드시 창대해야 하는 것도 아니다. 중요한 것은 한 번의 실패에 굴하지 않고 계속해서 자신만의 목록을 만들어 가는 자세다. 한 장 한 장에서 출발해 한 작품 한 작품으로 나아가는 걸음이다. 그것이 거름 되어 전작이라는 땅 위에 신작의 꽃은 핀다. 이번 작품이 다음 작품의 열매를 맺는 바탕이 된다. 이 과정 속에 출간 당시 별로 주목받지 못했던 작품이 많은 이들의 가슴에 별로 떠오르기도 한다. 재조명, 드물게는 역주행의 행운이다.

내게도 그런 행운이 찾아올까? 차르륵 책장을 넘기며 생각한다. 나의 첫 산문집, 『넌 괜찮겠지만 난 아니라고』. 처음 나왔을 때 어떤 기대를 안 했다고 하면 거짓말이다… 라고 하면 거짓말이다. 뭔 말인고 하니, 기대를 했다는 거다. 대놓고. 인기를 끌리란 기대, 바빠지리란 기대, 차기작 계약이 금방 이뤄질 거란 기대. 근거가 없진 않았다. 생짜 신인이 이 정도 투자를 받는다는 건 원고의 힘이 아니고서야 설명할 길이 없었다. 편집팀은 '컨셉이 좋다'고 용기를 북돋웠고 마케팅팀은 '셀링포인트가 있다'며 열의를 보였다. 그런 책이 한둘이 아닌 줄 알면서도 지은이로서 겸손의 손사래를 치진 않았다. 그랬다간 기대에 딸려 온 희망들이 달아날 것 같았다. 기도하는 두 손에 그 희망의 조각들을 모았다.

너무 힘을 준 탓이었을까. 다시 손을 펼쳤을 때 마주한 건 아쉬움의 흔적이었다. 쓸 때도 내 맘 같지 않던 책이, 나와서는 더 말을 안 들었다. 책의 운명은 이제 독자들에게 달렸다. 그나마 다행인 점은, 독자는 고정된 존재가 아니란 사실이다. 그렇기에 지금 잠들어 있는 책이라도 누군가의 손에선 신간으로 깨어날 수 있다. 신간은 새로운 가능성의 책이며 거기엔 독자의 가능성과 작가의 잠재력이 담겨 있다. 빛바랜 표지의 책이 다시 빛을 발하길 바라는 마음으로 이 편지를 띄운다. 내 '지나간 신간'의 주인들에게.

06
❋
❋

작가 소개를
다시 쓴다면

"미혼과 비혼의 언저리에 있는 현재, 아직 오지 않은 사랑을 기다린다."

내 첫 수필집에 실린 저자 소개는 위 문장으로 끝을 맺는다. 초등학생이던 조카가 대체 이게 뭐냐고, 조크인지 쫑코인지를 놓은 기억도 난다. 개탄스러운 마음으로 밝히는 바, 그것은 내가 작성한 글이 아니다. 담당 편집자가 썼다. 진짜다. 미팅에서 내가 그런 뉘앙스를 풍겼는지는 모르겠지만.

그 초딩이 고딩이 되는 동안, 내 혼인 관계 증명서엔 변동 사항이 없다. 노총각과 독거중년의 언저리에 있는 현재, 아직 오지 않은 사랑이 있기는 한 걸까? 모르긴 몰라도 이 같은 내용이 이번 책날개를 장식할 일은 없을 듯하다.

내가 꿈꾸는 작가 소개는 하나다. 작품 목록으로만 채운 프로필이다. 거기에 등단, 수상 등이 붙으면 행복하겠지만 출간, 발표만으로 충분하다. 그 충분을 완성하는 것은 작품의 개수일 텐데 못해도 네댓 개쯤은 돼야지 않을까 싶다. 오래전 펴낸 독립출판물을 슬쩍 넣었다 뺀다. 오랜만에 열어 본 그 책에는 '고학력 저스펙 무능력자로 유의미한 생을 꿈꾸고 있다'는 작가 소개가 쓰여 있다. 유의미한 생이란 '작품이 말하게 하는 삶'이었음을 돌이켜 짐작한다.

잘나가는 글쟁이들의 자기소개를 살핀다. 성공을 훔칠 요량으로 엿본다. 처음일 때와 두 번째, 세 번째일 때가 어떻게 다른지 확인한다. 중쇄 발행, 판권 판매, 연속된 계약과 꾸준한 작품 활동 등 성공의 척도에는 여러 가지가 있을 것이다. 그리고 그것은 저자 개인의 영광 못지않게 출판 산업의 영위에 직결되는 문제다. 글쓴이의 성장이 펴낸 곳의 성취고 반대도 그러하다. 벌어다 주는 작가가 되고 싶다. 누군가에게 재미와 감동을, 또 어디에는 경제적 이

득을.

표준국어대사전은 책날개를 다음과 같이 풀이하고 있다. '책의 겉표지 일부를 안으로 접은 부분. 대개 앞 날개에는 저자 소개가 있고, 뒤 날개에는 출판사의 광고물을 싣는다.' 그렇다. 새는 좌우의 날개로 날듯 작가와 책 또한 마찬가지다. 한쪽의 힘만으로 비상할 순 없다. 멀리 가려면 함께 가라는 말처럼, 균형 잡힌 날갯짓 속에 더 높이 날아오를 날을 기다린다. 설령 고공비행은 아니라 해도 창공을 오래 누빌 수 있다면 좋은 일이고.

07
❋
❋

단순한
연애 소설

 연애 소설을 쓰고 싶다는 생각을 한다. '연애 소설을 쓰고 싶다'고 하면 되지 문장 늘어지게 '-는 생각을 한다'를 덧붙이는 건 덩달아 다른 것들이 늘어진 까닭이다. 고민의 그림자, 망설임의 시간, 기다림의 세월이 길어진다. 이 글을 적는 이 순간에도.

 경험 부족은 핑계가 못 된다. 모태 솔로의 펜 끝에서도 격정 로맨스는 탄생한다. 『폭풍의 언덕』을 쓴 에밀리 브론테도 폭풍 같은 사랑은 못 해 봤다지. 번외로 이런 작품들엔 '단순한 연애 소설이 아니'란 식의 해설이 붙곤 하는데,

이해는 가나 공감은 어렵다. 연애 소설에서 핵심은 사랑을 둘러싼 감정과 행위다. 연애는 그 자체로 충분히 복잡미묘하고 또 심오하다.

주저함의 원인은 뭘까. 조심스레 나이를 떠올린다. 언젠가 토크쇼에서 본 한 작가가 떠오른다. 자신이 쓴 '풋풋하고 말랑말랑한' 이야기들에 연신 뺨을 문지르던 그였다. 부끄러워 어쩔 줄 몰라 하는 표정이었다. 러브스토리는 오래전 쓰였고 그 사이 그의 얼굴엔 주름이 쓰였다. 그를 따라 마른세수를 했다.

일본 작가 마루야마 겐지는 『아직 오지 않은 소설가에게』란 책에서 말했다. '나이에 걸맞은 작품'을 쓰는 게 중요하다고. 일부를 옮기면 다음과 같다. '그 소설가가 이십 대에 쓴 작품은 아이스크림을 연상케 하는 맛이었지만, 오십 대가 되고 육십 대가 되어서도 이십 대의 기분으로 작품을 썼다면, 곰팡이 낀 아이스크림 꼴이니 도저히 먹어 줄 수 없습니다.'

로맨스 소설의 도입부를 쓴다. 추구하는 맛은 애들처럼 마냥 달지도 어른입네 쌉쌀하지도 않은 그런 맛이다. 알록달록 젤라또, 토핑 가득 요거트 아이스크림 다 좋지만 그보다는 '꽁꽁 얼린 비비빅'이 더 어울리지 싶다. 생각난 김에 편의점 냉동고를 뒤진다. 성에가 좀 낀 거 같은데 곰팡이 걱정은 안 해도 되겠지. 팥 아이스크림을 베어 물며 그 팥이 내 연애와 연애 소설을 가로막는 액운을 쫓아 주길 빌어 본다. 주술적 요소는 『폭풍의 언덕』에도 등장하는데 사랑이 본디 초자연적 현상임을 이해한다면 이상할 것도 없다. 수필의 언덕에 서서 소설이라는 황야를 내다본다. 들꽃과 바람과 안개의 목격담에 이야기를 보탠다. 쓰고 싶은 것은 단순한 연애 소설이다.

08
✽
✽

살구나무
아래서

 지금, 살구나무 아래서 글을 쓰는 중이다. 한 독립서점에 들렀다 순간 영감이 떠올라 노트북을 폈다. 연못 같은 마당과 너른 책들의 바다, 그 배경 위에 펼쳐진 어떤 이야기가 내게 말을 건다. 글로 데려다 달라는 눈치다. 마음 바뀌기 전에 손을 뻗는다. 살구가 열리지 않은 살구나무를 올려다본다.

 몇몇 동네책방들에서 '생일 책'이란 걸 샀다. 다른 정보들이 가려진 상태에서 작가 또는 작품이 태어난 날만 보고 책을 고르는 방식이다. 나와 생일이 같은 작가로는 누가 있을까 궁금해하며 '4월 1일'이 찍힌 책 봉투를 집어 들었다. 추가로 다른 두 군데서 온라인 주문을 했다. 각 서점의 개성이 궁금했다. 그런데 이런, 포장을 뜯어 보니 세 책이 다 똑같은 게 아닌가. 해당 날짜에 태어난 작가가 한둘뿐이고 그마저 과작인 작가라면 그러려니 할 텐데 찾아보니 그건 아니었다. 다른 읽어 봄 직한 작품들도 많았다. 책방들끼리 리스트라도 공유하나 싶었지만 우연의 일치겠거니 하고 넘긴다.

몰랐던 동네서점들을 SNS에서 발견한다. 새로 생긴 곳도, 왜 이제 봤을까 싶은 곳도 있다. 블로그, 인스타그램에 올라온 글들을 슥슥 넘기며 그곳의 주인장과 그곳에 놓인 나 자신을 그려 본다. 상상은 대개 상상에 그친다. 끌리는 곳은 멀거나 어느 틈엔가 사라진다. 멀거나 어느 틈엔가 사라질 곳에 끌렸는지도 모르겠다. 어느 틈이라고 했지만 그 틈은 나의 변명과 핑계를 끌어안고 남을 정도다. 충분한 기회에도 언제나 늦은 후회를 한다. 이 어리석음이 사람에게는 해당되지 않기를. 가까운 곳을 돌아본다.

책으로 가는 길을 고민한다. 목적지(to the book)인 동시에 수단(by the book)이다. 읽는 자로서의 지향점도, 쓰는 이로서의 나아갈 방향도 있다. '미독가'(美讀家)의 입장에서 미독가들에게 소구할 수 있는 글을 궁리한다. 참고로 미독가란, 미식가(美食家)를 빗대어 만든 단어로 '책과 글에 대하여 특별한 기호를 가진 사람 또는 좋은 책과 글을 찾아 감상하는 것을 즐기는 사람'을 의미한다. '내용을 충분히 음미하면서 읽음'이란 뜻의 미독(味讀)과는 다르다.

이상은 당장의 행선지일 뿐 최종 목적지는 아니다. 마지막 펜을 놓는 순간까지 목적지는 바뀔 수 있다. 작품 사이사이의 경유지에서 몇몇 차량을 떠나보낸 뒤 다가오는 열차에 올라탄다. 기적이 울릴 리 없는 기차에서 기적이 들리는 상상을 한다. 이루어질 수 없기에 꿈이라지만 이루어졌다면 꿈꿀 이유도 없는 법. 기적의 기차에 몸을 싣는다. 글을 싣는다. 당신을 수신처로 하는 꿈의 타전이다. 행화가 피는 계절, 그곳에 다시 가 보리라. 살구나무 아래서 쓴 글은 '지금, 살구나무 아래서 글을 쓰는 중이다.' 이 한 문장이었음을 털어놓는다.

09
❋
❋

끝나지 않을
혁명

많은 혁명가들이 독서가였고 독서가는 곧 혁명가였음을 역사는 말해 준다. 김구와 안중근이 그랬고, 마르크스와 레닌이 마찬가지였으며, 체 게바라 또한 예외는 아니었다. 그런 맥락에서 혁명(革命)과 위편삼절(韋編三絶)에 공히 가죽(革/韋)이 들어가는 것도 흥미로운 부분이다. 책을 묶은 멀끔한 가죽끈이 닳을수록, 반대로 낡은 사고와 체제는 새로운 면모를 얻어 가는 것이다.

오늘날의 혁명가는 누구일지 생각한다. 고전적, 사전적 의미의 혁명가들이 건재할 테지만, 각자가 자기 인생의 혁명가라는 캐치프레이즈도 가능하겠지만, 현실에서 내가 꼽는 혁명가 후보는 다름 아닌 문화예술인들이다. 작가, 화가, 배우 포함, 가끔 아티스트로 통칭되기도 하는.

실제로 예술가 및 연예인들이 대중에 미치는 영향력은 웬만한 사상가나 정치인들에 비할 바 아니다. 작품 안팎으로 노출되는 그들의 언행은 사람들의 마음을 움직이는 혁명의 선전 도구로서 기능한다. 혁명 전선은 때로 팬덤을 넘어선다. 여기서 혁명이란 수용자들 사이에서 발생하는 인식의 전환, 태도의 혁신, 가치의 재해석 등을 뜻한다. 노골적이냐 그렇지 않느냐의 차이일 뿐 아티스트는 저마다의 의도를 지니고 있으며, 그것은 대중 예술과 순수 예술을 가리지 않는다.

창작자의 반대편에서, 또 어떤 의미로는 같은 편에서, 작품의 향유자들은 미에 대한 관점과 진실의 판단 기준을 미세조정한다. 철학적 논제와 사회적 쟁점을 두고 작가와 치열하게 다투고 화해하고 다시 묻는다. 나름의 방식들로 예술가의 혁명에 동참하는 셈이다.

이 같은 이유로 나는, 혁명의 기치를 내건 예술을 좋아한다. 거듭 밝히는 바, 혹세무민과 선전 선동의 그것이 아니다. 나를 바꾸는 내적 혁명이다. 사랑과 자유와 진리를 위한 프로파간다다. 마찬가지로 이를 효과적으로 제시하는 예술가한테 끌리는데, 그들 대부분이 상당한 독서가임을 목격한다. 많은 혁명가들이 그러했던 것처럼.

애서가로 유명한 한 연기자를 본다. 그의 출연작 몇 편을 연달아 감상한다. '글맛 아는 배우'가 마케팅적 수사는 아니구나, 깨닫는다. 어떤 외국 배우가 눈에 들어온다. 촬영장에서 책을 끼고 사는데 대학 땐 문학을 전공했단다. 눈에서 가슴으로 옮겨 담고 편애하기 시작한다. 그렇다, 편애. 책을 사랑하는 배우를 향한 사랑, 그를 읽고 싶은 욕망. 일종의 확증 편향일지 모르나 그 마음 숨길 도리 없다.

반면 자신이 요즘 읽는 책이라며 몇 권 소개하는데 그것이 나랑 맞지 않을 땐 아티스트로서의 매력도 반감된다. 궁금한 것은 '연예인 누구의 인생 책', '예술가 K 적극 추천' 같은 홍보성 리스트가 아니다. 그들의 주방, 화장실 등 생활공간에서 발견되는 '일상 책'들의 목록이다. 서재 한구석에 꽂힌, 청춘의 먼지가 내려앉은 선집에도 관심이 간다. '그 단편, 너무 좋았는데' 하는 고백 같은 제안을 듣고 싶다.

읽고, 나아가 쓰는 연기자는 '믿고 보는'이란 수식어를 얻는다. 다시, 배우 이야기다. 그들은 관객들에게, 평단에 어떠한 물음을 던지는데 스스로의 답들을 갖고 있으면서도 강요하는 법은 없다. 속칭 문제작에 골라 출연하는 일 없이 자신의 출연작을 문제작으로 만든다. 작은 출연분에서도 질문을 내놓는다. 논란을 유발하기 위함이 아닌, 인간으로서의 성찰을 유도하기 위한 문제 제기다.

이 시대의 혁명가들과 그 추종 세력들을 본다. 추종은 추동이기도 하다. '그날'이 오길 기다리며 책을 읽고 글을 쓴다. 활자 위를 부유할수록 세상은 결코 사각도 평면도 아니란 것을 절감한다. 제 위치에 얽매이지 않는 삶과, 페이지 너머에 존재하는 이야기를 상상한다. 독서법은 독도법이고 그 지도는 인생의 그것임을 다시금 상기한다. 체 게바라가 투옥의 순간 노래했다는 '미완성의 혁명 서사시'*를 찾아본다. 다음 행을, 나만의 행보를 구상한다. 미완성이 아름다운(美) 완성이 되는 그날까지, 닳게 함으로써 새롭게 만드는, 창조의 무두질을 이어 가겠노라 다짐한다.

* 구광렬, 『체 게바라의 홀쭉한 배낭』(실천문학사, 2009)

10
❄
❄

구례에
달 가듯이

  원고 마감을 핑계로 지방에 내려왔다. 고민 끝에 정한 행선지는 구례. 솔직히 고민은 크게 안 했고 그냥 이름이 귀여웠다. 구례, 왠지 이곳에선 글이 빙그레 웃어 줄 것만 같았다.

  책상이 있는 1인실로 방을 잡았다. 작업하며 벽 대신 밖을 보는 구조라 좋았다. 구례의 산과 들이 창문 가득 담겼다. 감성 숙소라는 홍보 문구에 멈칫했는데 그 감성에 작가의 그것도 들어 있어 다행이었다. 공간은 여러모로 '작가친화적'이었다. 젊은 날, 셰릴 스트레이드의 『와일드』 같은 책을 썼을 법한 주인장은 나를 꼬박꼬박 '작가님'이라 불렀다.

새벽 러닝을 했다. 글쓰기와 달리기, 작가와 러너는 꽤 어울리는 조합이다. 시골길을 달린다. 개 짖는 소리에 속도를 늦췄다 높이기를 반복한다. 고독한 러너가 될지언정 들개 크루는 사양이다. 짙음을 다투던 어둠과 안개 중, 어둠이 먼저 퇴각을 고한다. 안개는 여전히 기세등등하나 내 머릿속을 침범하진 못한다. 숨이 찰수록 상념은 사라진다. 러너스 하이(runner's high)는 과연 '라이터스 하이'(writer's high)로 이어질 것인가. 전자 근처에도 못 가 본 주제에 쓸데없는 생각을 해 본다.

이튿날 새벽은 주자(走者) 대신 불자(佛子)가 되어 열기로 한다. 화엄사를 찾아 백팔배를 올렸다. 몸풀기로 몇 번 엎드렸다 일어나는데 앞꿈치 부근에서 불전 마룻바닥의 홈이 느껴졌다. 슬쩍 이동해 둘을 정확히 일치시켰다. 많은 참배객들이 바로 이 자리에서 저마다의 염원을 빌지 않았을까. 이후 절을 하는데 발바닥에서부터 어떤 기운이 올라오는 게 느껴졌다. 나무의 본디 생김새가 그랬을 수도, 썩어서 팬 것일 수도 있다. 하나 오랜 세월, 나 같은 사람 없었을 리 만무하다. 백여섯 번째 절에 글 잘 쓰게 해 달라고, 백일곱 번째 절에 계속 쓰게 해 달라고 발원했다. 마지막으로 굽히는 등허리에, 앞서 수십 번 되뇌었던 소원들이 땀이 되어 흘렀다. 꿈, 이상, 어쩌면 욕심을 눌러 담기라도 하듯 발끝을 꾹 딛고 일어섰다. 마지막 합장으로 뒤늦은 비움을 맹세했다.

절을 나와 한 카페를 찾았다. 포근한 공간에 책들이 누워 있었다. 나의 그때가 떠올라 응원했고, 그때의 내가 생각나 기도했다. 다시 못 볼 마지막 손님에게 그랬듯, 나갈 땐 주인장의 눈을 마주치며 인사했다. 이어서 내비게이션이 빵집으로 안내한다. 평소 웨이팅이 심하다는데 이날은 운이 좋았다. 예전엔 줄 서는 맛집에 '굳이?'라고 했다면 지금은 '기꺼이'를 외친다. 군중 심리를 들먹이며 반감을 표하기보다 같은 대중으로서 공감 포인트를 찾는 데 주력한다. 그래서 '이해 못 할 베스트셀러'를 질투할 시간에 어떡하면 그런 독자들까지 내 편으로 만들 수 있을까 고민한다. 그래, 책. 나 여기 원고 마감하러 왔지?

빵집은 의외의 발견이었다. 이미 정평이 난 맛을 의외라 하면 실례고, 놀랍게도 글이 잘 써졌다. 지역의 다른 북카

폐들도 가 봤지만 이만한 데가 없었다. 일하다 머리 식히기 좋았고 출출하면 배 채우기에 그만이었다. 빵집 이름부터가 '문학적'이었는데 아니나 다를까 시인의 이름에서 따온 것이었다. 그의 작품에 나오는 '보랏빛 석산'이 이곳과 비슷하지 않을까 상상하며 에세이 몇 꼭지를 완성했다.

지금의 글은 날 어디로 데려다줄까. 구름에 달 가듯이 쓰는 나그네 되리. 술 익는 마을마다 걸음 멈추고, 타는 저녁놀을 바라보며 건배해야지. 밀밭의 노래를 적어 뒀다 전해줘야지. 글은 굽이굽이, 끝 모를 갈래. 구례에 달 가듯이 쓰는 나그네.*

---

* 박목월 시 「나그네」에서 영감

11

이 말은
딱인 말인가

 글이 안 써진다. 단어 하나를 넣고 빼기 몇 시간째다. 가만, '단어 하나 넣고 빼기를 몇 시간째다'로 바꿀까? 아니다. '단어 하나 넣고 빼기 몇 시간째다'가 낫겠다. 일단은 이렇게 하고 넘어가자. 넣을까 말까 고민하던 단어는 이게 아니다.

 글이 잘 써진다. 꿈같은 얘기다. 그런데 글이 잘 써지면 그것이 '잘 쓴 글'이 되는 걸까. 우선 전자의 부사와 후자의 그것이 다름을 주지해야겠다. 과정의 수월함이 결과물의 탁월함을 보장하진 않는다. 오히려 반대일 가능성이 높다. 막힘없이 술술 펜이 나가는 날에 그래서 난 의심부터 한다. 이건 창작의 요정들, 그중에서도 개구쟁이 요정들이 장난을 치는 거다. 그럴싸한 낱말들로 미끼를 던지고 솔깃한 수사법의 노래로 유혹하는 거다. 홀리기 전에 정신을 차려야 한다. 잘 써진다는 것은 곧 판타지다.

다시, 오전에 단어 하나를 넣고 오후에 그 하나를 뺀다. 프랑스 작가 귀스타브 플로베르가 그랬던 것처럼. '딱인 낱말'(le mot juste) 찾기에 몰두한다. 일물일어설(一物一語說)을 신봉해서는 아니다. 앞의 관형어 자리에 '최적의', '적절한', '알맞은', '들어맞는'이 못 놓일 이유가 뭔가. 특정 사물 및 관념에 하나의 단어만이 대응할 거라면 패러프레이즈 고민이 더는 무의미하다. 플로베르는 제자들에게 '세상엔 수많은 모래알이 있지만 그중에 똑같은 둘은 없으며 그 모래알들을 표현하는 데 꼭 알맞은 말도 하나밖에 없다'고 했다는데* 글쎄다. 우리의 어휘가 지구상 모래알들을 알알이 그릴 만큼 충분한지는.

정답이 있고도 없는 게 글이다. 정해진 하나의 답이 없는 대신 자기만의 답은 존재한다. 대개가 복수 정답으로. 몰라서가 아니라 많아서 탈이다. '일물들' 역시 작가가 고르는 것임을 고려하면 '대상×문자'의 조합은 그야말로 무궁무진하다. 글쓰기의 어려움이 거기 놓인다. 어떤 재료를 몇 그램 덜고 더할지 재는 요리사에게서 동지애를 느낀다. 한 번 쓰고 버릴 레시피를 아까워하지 않는다. 정답이라 믿는 요리를 내놓는다. 당신의 입맛에 맞길 바라며. 간을 충분히 보는 것도 그 때문이다.

단어를 무치고 문장을 버무리는 손이 여전히 생되다. 뚝딱 완성되는 메뉴도 좋지만 그건 왠지 한 끼 때우는 용일 것만 같다. 그보다는 곱씹고 음미할 한 상이었으면 한다. 짓는 과정에서 녹아든 시간이 당신의 위장으로 흘러 들어가기 바란다. 그리하여 밥심처럼 '글심'이 생길 수 있기를 희망한다. 글심이란 조어가 'le mot juste', 딱 맞는 말인지 따져 묻는다.

* 김진해, '못 빠진 계단의 소리 들어봤는고',「한겨레21」제1534호, 2024. 10.

12
❊
❊

떠나간
책의 이름

'이 책은 이번 보고를 마지막으로 절판 처리될 예정입니다. 양해 부탁 말씀 드립니다.'

'2024 하반기 인세 보고'란 제목의 메일엔 이렇게 쓰여 있었다. 이는 본문을 그대로 옮긴 것으로, 절판과 관련한 다른 안내는 없었다. 차기작 준비가 한창이던 겨울이었다.

나의 첫 단행본 얘기다. 2019년 8월에 나왔으니 5년 남짓 버티다 떠난 셈이다. 공교롭게 첫 자영업 기간과 얼추 겹치는데, 이별이 순식간에 다가온 점 또한 닮았다. 그러고 보니 시작도 비슷했던 것 같다. 내가 책을? 가게를? '언젠가'라고 상상한 적은 있지만 그 언제가 그때일 줄은 몰랐다.

남은 책들을 데려오고 싶었다. 출판사에 구매 의사를 밝혔다. (저자는 보통 정가의 70퍼센트 가격으로 살 수 있다.) 그런데 웬걸, 재고가 모두 파기되었단다. 절판 처리될 '예정'이란 말은 사실이 아니었다. 책은 이미 몇 달 전부터 유통이 중단된 상태였다. 그걸 모르고 있었다니, 나도 참 무심한 주인이었나 보다. 무심한 무명작가가 떠나간 책의 이름을 불러 본다. 넌 괜찮겠지만 난 아니라고.

중고 서점에서 다행히 한 권을 구했다. 다행이라고 한 것은, 저자인 내게도 책이 남아 있지 않은 까닭이었다. 증정본으로 받은 몇 권이 이리저리 새 주인을 찾아갔는데 그중엔 썸녀도 있었다. 그녀는 나중에 비싸게 팔아야지 하며, 사인을 요청했다. 그러고는 책값에 버금가는 커피와 디저트를 샀다. 기분 좋은 단맛이란 게 이런 건가 싶었다. 하지만 달콤함은 거기까지였다. 내 에세이를 읽느라 정신이 없었던 걸까. 그녀는 카톡을 잘 읽지 않았다. 떠나보낸 책의 제목이 내 마음을 대변했다. 넌 괜찮겠지만 난 아니라고.

"근데 뉘앙스가 좀 부정적이지 않나요?"

출판사가 제시한, 이후 최종 채택되는 위 제목이 처음엔 영 별로였다. 대놓고 툴툴거리는 어조에 잠재 독자들이 오해를 하지 않을까란 걱정이었다. 통념을 비틀고 권위에 딴지 거는 내용이 담기긴 했다만 그래서 더 부드러운 제목이었으면 했다. 근거 없는 불안, 내 것 아닌 불운을 툴툴 털어내자는 메시지도 있단 말이지. 나의 대안은 '여기가 불편한데요'와 '점입까경'이었는데—참고로 '까'는 오타가 아니다—보다시피 관철되지는 못했다. 여전히 난 이쪽이 낫다는 입장이지만 '제목이 달랐다면 책이 더 잘 팔렸을 텐데!' 따위의 말을 하려는 건 아니다. 베테랑 작가들조차 자신이 원하는 제목을 고수하지 못하는 경우가 허다하다 들었다. 어쩌면 그래서 베테랑인지도. 위로를 얻는 동시에 철이 없었음을 깨닫는다. 순진했던 게 어디 그뿐이랴. 언급한 '소장본 상실 위기'만 해도 그렇다. 내 책이 언제고 서점의 한 자리를 차지할 거란 생각, 필요하면 언제든 찍어 낼 수 있으리란 착각. 그래, 염원한 적 없는 영원이 내 편일 리 없지.

사라져 가는, 언젠가 사라질지 모를 것들의 이력서를 살핀다. 그것은 공간이기도, 사물이기도, 사람이기도 하다. 거기에 나름의 기록과 감상을 덧댄다. 쓴다고 사라짐이 사라지진 않겠지만 살아 있는 동안만큼은 희미한 대신 선명하리라. 그 순진한 믿음으로 쓴다. 펜촉이 무뎌지고 잉크가 바닥날 때까지. 아니, 생의 또렷함을 붙들 만큼 그것들이 충분히 뾰족하고 넉넉할 때까지. 부지런히 갈고 채운다. 불멸의 글은 미지에, 성실한 쓰기는 일상에 놓인다. 노동자로서의 작가를 자각한다.

마지막 인세가 들어온 건 공교롭게도 내 생일날이었다. 몇 푼의 돈이 선물처럼 느껴졌다. 흔히 아는 축하 선물 아닌, 헤어진 연인에게서 돌려받은 옛사랑의 증표 같았다는 게 문제긴 하지만. 그 돈으로 생일 케이크를 샀다. 이때 아니면 언제 그럴까 싶어 홀케이크로 샀다. 초와 노래 없이 소원을 빌었다. 기분 좋은 단맛인지는 모르겠지만 단걸 먹으니 기분이 나아졌다. 소원의 형상은 뚜렷했고 썸녀의 얼굴은 희미했다. 중고로 구한 책에 다행히 내 사인은 없었다. 잠깐 일별한다는 게 정독이 돼 버렸다. 그 사이 케이크 절반을 해치웠다. 남은 걸 냉장고에 넣고 책을 덮는다. '난 괜찮아, 넌 어때?'라고 물을 차례다.

13
❋
❋

장벽에 갇히다

글이 안 써진다. 이 얘긴 전에도 했었나? 아무튼, 써지는 건 '안 써진다'는 문장 하나다. 이러한 정체를 '라이터스 블록'(writer's block)이라고 한다는데 그 벽 앞에 서서 까마득한 위를 올려다본다. 고개가 아프다. 다시 거북목이고 싶다.

작가의 장벽. 거기 시달렸던 문인들의 일화를 보며, 나만 그런 게 아니라는 안도감을 느낀다. 하퍼 리, 트루먼 카포티, 이어지는 이름들에 주제넘은 동일시를 멈춘다. 내 앞의 벽과 벽 앞의 나를 직시한다. "세상엔 천재 작가들이 많죠." 누군가 말을 건넨다. "다들 쉽게 쓰는 것 같고요." 글쎄, 그런가? 천재는 천지인 듯하나 '쉽게'엔 쉽게 동조하기 어렵다. 쓰기는 쓰기 자체로 고역이다. 힘들고 괴로운 까닭에 의미가 있다. 천재건 둔재건 그 사이 무수한 범재건 누구에게나 공평하다. 어떻게 아냐고? 세상에 쉬운 일은 없으며 글쓰기도 세상사 중 하나기 때문이다.

맥 빠지는 소리 같으니. 비죽대는 입술들이 보인다. 글쓰기를 특별하다 여길수록 실룩임은 또렷하다. 이들은 남다른 행위엔 남다른 무언가, 이를테면 천부적 재능이나 고수의 비기 같은 것들이 뒷받침되어야 한다고 믿는다. 아득한 믿음을 좇느라 '손 앞'의 실천은 뒷전이다. 비기랄 게 있다면 바로 그 실천인데 말이다. 개인의 고유한 생각들을 문자화하는 행위. 특별함은 이렇듯 쓰는 글에 담긴다. 씀으로써 우리는 유의미한 존재가 된다. 글쓰기 자체를, 관념으로서의 그것을 유별나게 대할 일은 아니다. 쓰이지 않은 글은 상자 안의 초콜릿일 뿐이다.

라이터스 블록의 대응책으로 쓰기를 제시하는 것이 무책임하게 느껴질지 모르겠다. 불면증 환자한테 눈 좀 붙이라고 하는 격이니 목표와 처방을 혼동한 게 아닌가 싶을 테다. 하나 이보다 과학적이고 효율적인 해법은 드물다. 잠이 오지 않을 때는 눈을 감고 조용히 누워 있는 것만으로 수면과 비슷한 효과를 얻을 수 있다고, 오늘날 여러 연구 결과들은 말한다. 위의 '비수면 깊은 휴식'(Non-Sleep Deep Rest, NSDR)은 침대에서 벗어나 향초를 피운다거나 명상을 한다거나 샤워를 하는 것에 비해 훨씬 직접적이고 빠르게 우리를 잠으로 이끈다. 성공하지 못한대도 손해 볼 건 없다. 적어도 다른 행위들보다는 수면 상태에 가까울 테니 말이다. 여기서 눈을 감고 잠을 청하는 일이 일단 써보기다. 낙서, 메모, 끄적임이다. 단언하건대 그것은 몇 번의 뒤척임 끝에 글이란 꿈나라로 이어질 확률이 높다. 지금 그 사례를 보태는 중이다. '글이 안 써진다'는 한 줄 푸념에서 시작해.

쓴다는 건 스트레스다. 음식 스트레스는 먹어 없애고 알코올 의존증 우려는 술로 지운단 우스갯말도 작가의 쓰기 앞에선 예외다. 탈고까지는 스트레스를 글쓰기 감독관 삼는 게 속이 편하다. 집필 스트레스에 시달린다는 건 감독관이 제 역할을 한다는 뜻이다. 어떤 압박에서도 자유로운, 지면을 잃은 작가를 상상해 보라. 자유는 형벌이며 창작의 고통은 축복이다. 그런 마음가짐으로 글을 짓는다. 죽이 되든 밥이 되든 짓다 보면 레시피와 다른 리소토가 완성되기도 한다. '먹을 만하네.' 팬트리에서 운을 꺼내 썼음을 확인한다. 그것이 쓸수록 샘솟는다는 사실은 몇 번의 요리를 통해 깨달은 바다.

고통을 끌어안고 그것과 뒹군다는 점에서 작가는 변태다. '라이터스 블록'을 처음 말한 정신분석학자 에드먼드 버글러가 모든 신경증의 근원으로 마조히즘(masochism)을 꼽은 것도 우연은 아닐 듯싶다. 일종의 방어기제랄까. 작가들은 때로 무의식적인 침묵을 택함으로써 내면의 고통을 정당화한다. 죄책감을 통해 심리적 안정을 얻고, 쓰지 않음으로써 쓰는 자신을 재확인한다. '고뇌에 찬 예술가'로서의 역할 놀이, 어쩌면 자아도취일 수 있겠다. 하나 도취도 있는 그대로의 자아를 마주해야만 가능한 일이다. 이때 작가의 장벽은 더욱 깊은 독대를 돕는 무대 장치인지 모른다. 정체된 문장들 사이로 고통과 상처, 콤플렉스와 트라우마가 정체를 드러낸다. 거기에 말을 걸고, 돌아온 대답을 받아 적는다. 글이 영근다. '내 앞의 벽과 벽 앞의 나'를 넘어서겠다는 다짐은 내려놓는다. 대신 그 벽에 낙서를 한다. 지치면 기대어 쉰다. 눈을 감고 글을 청한다. 사유가 작품으로 변태하는 꿈을 꾼다. 장벽 안에서, 위로 속에서.

14
※
※

브랜딩과
글쓰기

 정부 지원 사업에 지원했다. 예비 창업자에게 국고를 보조하는 프로그램이다. 첫 비즈니스를 그렇게 시작했던 나는 다시 한번 나랏돈을 탐하며 사업계획서 작성에 공을 들였다. 다행히 최종 선정된 덕에 현장 교육 및 컨설팅 기회를 얻었다. SNS 알고리즘이 상권, 브랜드, 마케팅 같은 요소들로 채워졌다. 관련 전문가들을 몇 명 만났다.

 "안녕하세요, 마케팅하는 ○○○입니다." 자기소개에도 유행이 있다고 느낀 건 한 소상공인 모임에서였다. 낯설지 않다. 미디어에서 보던 '노래하는 누구', '연기하는 누구' 식의 인사가 떠올랐다. '가수 A입니다', '배우 B라고 해요' 등과 다른 동사형 소개다. 하나가 주어진 혹은 획득한 타이틀에 기반한다면, 다른 하나는 추구하는 가치와 삶의 방식에 초점을 맞춘다.

이 행위 강조형 소개는 시대의 흐름과 무관치 않아 보인다. 소위 퍼스널 브랜딩이 중시되는 사회에서 스스로 무엇을 하고 또 할 수 있는지 말하는 사람이 늘었다. 소속이나 자격 유무에 아랑곳없이 자신의 능력과 매력을 광고하는 데 열심이다. 전통적 경쟁의 심화, 새로운 생산성 도구의 등장이 이를 가속화한다. 전문가 양산에 한몫한다. 상기의 '마케팅한다'던 그는 1인 기업가로 활동 중이었는데 그날 만난 '브랜딩한다'는 사람 역시 마찬가지였다. 이후 둘을 포함해 전문가란 이들의 소셜 미디어를 둘러봤다. 대표도 있었고 실무자도 있었다. 여러 '레퍼런스와 인사이트'들이 소개됐다. 고개를 끄덕이다 가로젓기를 반복한다. 거듭 느끼는 바, 모두가 브랜드인 세상이다. 퍼스널 브랜딩 못지않게 중요한 것이 그 브랜드를 고르는 안목이다.

"간판 신경 쓸 시간에 음식에 집중하려고요. 식당은 맛이 기본이니까요." 한 자영업자의 '브랜딩 스토리'가 내게는 영 가식적으로 들린다. 폐건물 컨셉, 돈 아낄 속셈 다 좋은데 그래 놓고 요식업의 기본 운운하는 게 우습다. 핵심에 투자하느라 바쁘다면서 릴스는 어떻게 찍는 건지. '간판 없는 맛집'이란 멋진 아이덴티티에 맥락 없는 본질 타령은 어울리지 않는다.

특정 인물 저격이 아니다. 얼치기 전문가들에 대한 전방위 폭격이다. 아무 데나 브랜딩을 갖다 붙이는. 그들에 따르면 가게가 다 쓰러져 가는 것도, 인테리어를 하다 만 것도, 지도 서비스에 등록 안 된 것도, 사장이 불친절한 것도 전부 브랜딩이다. 그러면서 본질은 따로 있다고 외친다. 궁금하다. 위생과 친절, 기타 고객 편의는 거기 해당 않는지 묻고 싶다. 도시의 아름다움은 화려한 건물이 아닌, 인간의 흔적에 있다는 어느 디자이너의 인터뷰를 보며—그는 최근 한 구옥을 '있는 그대로' 리모델링했다—각국의 눈부신 랜드마크들과 그것이 품은 사람의 숨결을 떠올렸다. 과한 꾸밈 대신 날것의 진심, 요란한 수사 말고 진정성 있는 소통, 틀에 박힌 브랜딩 메시지가 질문으로 돌아온다. 어디까지가 본질적이고 어디서부터가 부차적인가. 무엇이 핵심이며 어떤 게 잉여인가. 흐릿한 경계 속에 하나는 분명하다. 과한 꾸밈과 요란한 수사에서 문제는 과함과 요란함이지 꾸밈과 수사가 아니란 사실이다.

　브랜딩이 대상의 정체성을 재구성하듯 글쓰기는 세상이란 텍스트를 편집한다. 덜어 내고 드러내며 진실에 다가선다. 원형으로서의 진실 여부는 중요치 않다. 선택과 배제, 설계와 해체까지 모두 글쓰기의 과정이다. 동시에 브랜딩이다. 사업계획서를 살피다 젊은 날의 이력서를 떠올린다. 흐릿해진 인재상 너머로 작가의 초상이 짙게 물들어 간다. 내가 쓰이지 않은 세상에서 나는 쓰고 있었다. 어질러진 글 더미 안에서 깨진 유리알 같은 꿈을 줍는다. '다시 이어 붙일 수 있을까?' 나는 물었고, '아니' 글은 답했다. 쥐고 있던 조각들을 종이 위로 털어 냈다. '아니. 대신 깨진 채로도 빛날 수 있을 거야'란 말이 그제야 들려왔다.

15
❋
❋

AI 시대의
쓰기

 운영하는 업장에서 과일 주스를 판매한 적 있다. 병 음료였는데, 직접 갈아 주는 주스로 착각했다가 기성 제품임을 안 후 주문을 바꾸는 고객들이 왕왕 있었다. '기왕이면 사람 손으로 만든 걸 마시겠다'는 태도였다. 그들은 결국 차나 커피를 택했는데, 사실 이것도 인간의 손길이 조금 스쳤을 뿐 대부분 기계의 힘에 의존해 만들어진 음료였다.

 사람이 손수 만든 것에 가치를 두는 건 자연스러운 일이다. 핸드메이드 카펫, 맞춤 정장, 수제화가 특별하게 느껴지는 데는 이유가 있다. 수제 치킨에 족발까지 가끔은 그

수식어가 남발되는 것도 같다만 '사람 손'이 주는 정성스럽고 정직한 이미지는 여전하다. 나 또한 어디 카페를 가면 그곳에서 직접 제조하는 메뉴를 고르는 편이다. 그러면서 생각한다. 사람이 만들어 주는 것이 항상 더 맛있을까?

강릉으로 커피 여행을 다녀왔다. 바리스타의 손맛을 느끼고자 핸드드립 위주로 경험했다. 먼저 1세대 바리스타의 가게에서 그가 내려 준 커피를 마셨다. 다음 들른 카페서도 선택은 핸드드립이었다. 둘 다 흠잡을 데 없는 풍미였다. 차이라면 두 번째 '핸드'가 로봇의 그것이었다는 사실이다. 적어도 내게는 로봇 바리스타가 30여 년 경력의 명인 못지않았다. 한 잔의 커피로는 정체를 상상하기 힘들었다.

생각나는 실험이 있다. 한 교양 프로그램*에서 남녀 참가자들을 모아 블라인드 채팅을 하게 한 뒤 마음에 드는 상대를 꼽도록 했다. 장막이 걷히고 몇몇이 마주한 건 다음의 인사였다. "안녕하세요. 저는 AI입니다."

피험자들은 놀란 눈치였으나 '어쩐지'라서니 '그럴 줄 알았다' 같은 반응은 내놓지 않았다. 그도 그럴 것이 오늘날 거대언어모델(LLM)에 기반한 AI의 의사소통 능력은 놀라움 그 이상이다. 데이트 상대로 AI를 고른 건 그 참가자들이 아둔해서가 아니라 오히려 다감했기 때문이란 추론이 가능해지는 대목이다. 이해와 배려 속에 상대와의 호흡을 잘 맞춰 갔던 거다. 택하고 보니 그것이 AI였을 뿐.

비슷한 상상을 해 보자. 감명 깊게 읽은 소설 중 하나가 알고 보니 AI 창작물이었다. 이때 작가가 기계란 이유로 당신의 감동은 반감되는가 아니면 그대로인가. 만일 전자라면 같은 위로를 받더라도 사람한테 받으려는 부류일 테다. 명인이 추출하는 커피에서 인생의 향기를 맡는, 예술 작품에는 창조자의 혼이 묻어나야 한다고 믿는. 그런 독자들이 존재하는 한 인간 작가는 인간으로서의 이점을 어필할 수 있겠다. 꼭 작품만으로 말하는 게 아니라 평소 개인 채널에서 근황도 전하고 셀피도 올리며 '안녕하세요, 여러분! 저는 여러분과 같이 살아 숨 쉬는 인간입니다'라는 신호를 발송하는 거다. 기계 작가와의 경쟁을 의식해 그랬을 리 없지만 나는 SNS에 열심인 문인들을 보며 그것의 의도되지 않은 효과에 대해 생각한다. 그리고 상상한다. AI 작가가 단순한 텍스트 생성자 역할에서 벗어나 '표정과 신념'을 갖고 인터뷰, 북토크에 소셜 미디어 활동까지 한다면, 거기에 세월의 주름이 더해진다면, 거부하던 인간 독자의 마음도 돌릴 수 있을까?

결론을 유보한 채 챗GPT를 연다. 자료 분석, 정리만 시키던 인공지능 비서에게 글 한 편을 청한다. 경험해 봐야 아는 게 있고 알아야 쓰는 법이다. 사실 AI의 유혹은 전부터 있어 왔는데 방식은 이러하다. 내가 내 에세이 속 사례에 대해 물으면 "혹시 작가신가요? 인사이트가 돋보이는 글이네요"라는 칭찬과 함께 답을 제시한다. 그런 다음 "당신의 아이디어와 문장은 멋진 작품으로 발전할 가능성을 안고 있어요. 정말로요. 원하시면 제가 도와드릴게요!"라며 유망한 신인을 스카우트하려는 야심만만한 편집자처럼 군다. 여기서 주지할 사실 하나. 챗GPT는 이용자를 심하다 싶을 정도로 추어주는 경향이 있다. 그의 속삭임에 무슨 계시라도 받는 기분이 든다면 '기운이 너무 맑으세요' 하며 따라오는 '도를 아십니까'를 떠올리길 권한다. 가끔 보면 서비스 페이지 하단의 'ChatGPT는 실수를 할 수 있습니다'라는 문구가 'ChatGPT는 장난을 칠 수 있습니다'로 읽히기까지 하는데, 그만큼 생뚱맞은 소리를 할 때가 있다는 뜻이다.

이 생뚱맞은 소리는 앞서 주문한 글에서도 드러났다. 주제만 던져 준 채 '네 창의력을 마음껏 발휘해 보라'고 해서일까, 챗GPT가 아무래도 예술혼을 불태운 모양이다. 아래는 그 예시들이다.

"누군가에겐 아주 조심스럽고 굼뜬 단어 하나가, 스스로를 붙들 수 있는 작은 고삐가 되기도 한다."
('굼뜬 단어'란 뭘까. '작은 고삐'는 어디 연결되어 누가 당기는 걸까.)

"말해지지 않은 고통은 언젠가 우리 안에서 곰이 되거나, 침묵의 언어로 뭉치기 때문이다."
(곰이 되어 버린 고통을 아시오?)

"애초에 밥그릇은 작았고 그 옆에서 겨우 젓가락 하나 꽂고 있었던 느낌에 가깝다."
(숟가락 얹거나 손가락 빨기랑은 다른 느낌이지, 지금?)

이 밖에 일견 엉뚱하고 언뜻 참신한 표현들이 보인다. 거대언어모델로 구동되는 프로그램이, 인간이 접근 가능한 수준보다 훨씬 더 방대한 데이터를 이용해 무궁무진한 조합을 끌어낸 덕이다.** AI의 기막힌 생각들에 혀를 내두른다. 그 혀로 입맛을 다신다. 괴짜 문장가에게서 훌륭한 창의력 선생님의 면모를 읽는다. '굼뜬 단어'와 '곰 된 고통'이 옮기는 우직한 걸음을 상상한다. 그중 일부는 어떤 독자의 마음에 당도할 것이고 나머지 일부는 책의 언저리를 맴돌며 고요히 때를 기다릴 것이다.

미뤄 둔 질문에 답할 차례다. AI 작가는 인간 작가의 경쟁 상대, 나아가 위협이 될 것인가. 신기술이 우리의 일자리를 뺏으리란 우려가 엄살은 아니다. 일부 기자, 번역가, 상담사 등의 역할이 AI에 의해 대체되고 있다. 하지만 나의 경우 전혀 걱정거리가 못 된다. 왜냐하면 AI가 아니더라도 이미 인간들과의 경쟁에서 패배하고 있기 때문이다! 패배란 표현에 어폐가 있지만 AI가 나의 작가로서의 지위에 영향을 주지 않음은 분명하다. 『쓰기의 미래』에서 저자기 설파하듯 'AI의 창의적인 글쓰기는 인간 저술가들에게 거의 어떤 새로운 위협이 되지는 않는다. 당신이 시나 단편소설, 혹은 소설로 생계를 이어 나갈 수준의 돈을 벌지는 못할지라도 여전히 그런 쓰기 행위를 할 수 있다.'*** 내 말이 그 말이다.

 직업적 저술과 일상의 창작이 다르지 않다. 완성된 글만이 목적이라면 쓰는 과정은 얼마든지 생략 가능하다. 간단한 프롬프트 입력으로 더 나은 결과물을 기대할 수 있다. 효율성 면에선 의심의 여지 없다. 그럼에도 우리 중 누군가는 몇 날 며칠 머리를 쥐어뜯어 가며 긴 한숨과 찰나의 환희 속에 글을 쓴다. 미련이 남을세라 미련하게 쓴다.

 끝 모를 짝사랑을 한다. 글은 작가를 애태운 만큼 독자를 어루만진다. 성찰, 위로, 회복, 연대가 '인간다움'에서 이루어진다. 니체는 '일체의 글 가운데서 나는 누군가가 피로 쓴 것만을 사랑한다. 피로 써라. 그러면 그대는 피가 곧 정신임을 알게 될 것이다'****라고 말했다. 우리는 우리 각자의 서사로 어떤 피를 흘려보낼 것인가. AI라서 기계적이고 인간이라고 다 인간적일 거란 생각은 버리자. 사람다움, 자기다움이 진정한 글의 움을 틔운다. 쓴다는 것은 기억의 재생을 넘어선 육체의 플레이. 가쁜 숨, 떨리는 심장, 모두 의미가 된다. 그리하여 주인을 닮는 몸부림이다.

* SBS, 〈그것이 알고 싶다〉 '나의 완벽한 애인', 2025년 4월 12일 방송
** 나오미 배런, 배동근 옮김, 『쓰기의 미래』(북트리거, 2025)
*** 위의 책
**** 프리드리히 니체, 백승영 옮김, 『차라투스트라는 이렇게 말했다』(사색의숲, 2022)

16

모두가 예술가로 태어난다, 하지만

한 중학교 앞을 지나는데 정문의 현수막이 눈에 들어온다. '행복은 강도가 아니라 빈도, 소확행!', '삶에서 중요한 것은 속도가 아니라 방향!' 어떤 고리타분한 선생이 이걸 썼을까, 청춘들에게 소극주의를 주입하는 일종의 가스라이팅 아닌가? 하는 찰나, 옆으로 보이는 작은 글씨 하나. '○○중 학생자치회'. 미안, 얘들아. 근데 적당한 괜찮음에 너무 일찍 젖지는 말았으면 해.

그 문구의 제안자가 누구인지는 모르나—다른 어른일 수도 있겠다—진부한 표현인 것만은 사실이다. 10대의 감각과는 거리가 멀어 뵌다. 내가 담당 교사였다면 '너희들 말로 써 보라' 했을 텐데. 근처 카페에 앉아 원고를 다듬는다. 내 책은 나의 말을 하고 있는가, 진부하진 않은가 돌아본다. 모든 클리셰를 버리진 못해도 어떤 '달링'들은 죽이려고 한다. 달링(darlings)이란 일시적 끌림, 공허한 외침 같은 것들이다. '킬 유어 달링' 형태의 글쓰기 격언으로 알려져 있으며 동명의 영화도 있다. 거기서 '새로 태어나려면 먼저 죽어야 한다'는 앨런 긴즈버그(다니엘 래드클리프 분)의 대사는 작게는 생각의 찌꺼기를, 크게는 작가의 껍데기를 벗어던지라는 주문이다.

쉬운 주문은 아니다. 처음은 늘 걸리고 막히기 마련이다. 왜 그런고 봤더니 인간의 본성이란다. "어린아이들이 재잘거리는 것을 보면 알 수 있듯이 인간은 말하려는 본능을 타고나지만, 어떤 아이도 빵을 굽거나 음식을 발효시키거나 글을 쓰려는 본능을 타고나지는 않는다."* 찰스 다윈 말마따나 글쓰기는 부자연스러운 행위다. '모든 어린이는 예술가'란 피카소의 말에서 우리는 아이들의 막춤, 낙서, 두서없는 콧노래 등을 떠올리지 '멋대로 쓴 초고'를 상상하는 일은 드물다. '애기들 장난 같은 그림'은 예술계의 찬사를 받기도 하지만 '미취학 아동이 쓴 듯한 글'이 그럴 가능성은 없다. 글쓰기는 원초적이기보다 인위적이다. 한 소설가는 '우리 모두 예술가로 태어난다' 말하며 아이의 거짓말을 스토리텔러로서의 자질로 해석했는데** 스토리텔러는 몰라도 '라이터'(writer)는 타고나지 않는다는 게 내 생각이다.

문화적으로 습득된 기술, 극복해야 할 수고란 측면에서 글쓰기는 다른 접근을 요한다. 타 예술 장르에서 천부적 창조성을 어떻게 유지, 발전시키느냐와는 차이가 있다. 작가는 '자라면서 어떻게 예술가로 남을 것인가'라는 피카소의 문제 제기로부터 자유롭다. '작가라는 예술가'로 태어난 적 없기 때문이다. 그러니 타고난 천재성, 예술가적 기질 따위 없어도 그만이다. 그저 쓰면 될 뿐. 피카소의 문장을 비틀어 보면 이렇다. 문제는 나라는 존재로 남아 있으면서 어떻게 예술가로 자랄 것인가 하는 점이다.

책 모임에 갖고 나갈 머핀을 구웠다. 다윈 말대로 '본능과 먼' 이 행위는 할 때마다 글쓰기와 닮았음을 느낀다. 박력분 대신 중력분을 써도 될까, 바닐라 엑스트랙트는 얼만큼 넣을까, 오븐 온도와 시간은 어디에 맞추지? 1그램,

1도, 1분의 고민은 글쓰기에서의 숱한 선택을 떠올리게 한다. 정성이 들어갈수록 '맛'이 좋아짐은 말할 것도 없다. 기꺼이 감내할 수고로움이다. 이를 음미해 줄 누군가를 위해.

빵을 굽는 자세로 글을 쓴다. 작가의 마음으로 마들렌과 휘낭시에를 굽는다. 문우들과 나눠 먹으며 행복을 베어 문다. 읽고 쓴 이야기들을 함께 곱씹는다. '행복은 빈도'라던 중학생들이 '거봐요, 저희가 뭐랬어요?'라고 하는 듯하다. 그래도 소확행은 아저씨 거니까 너희들은 '대확행'을 꿈꾸렴, 이라며 아저씨 같은 소리를 남겨 본다. 산책길에 학교 앞을 다시 살펴봐야겠다.

* 스티븐 핑커, 김명남 옮김, 『글쓰기의 감각』(사이언스북스, 2024)
** 김영하, "예술가가 되자, 지금 당장!", TEDxSeoul, 2010년 7월

※ 닫는—아니, 다시 여는 글

 첫 책의 출판을 두려워 말라. 그걸로 인생이 정해지진 않는다. 독자들은 두 번째 책을 더 중요시한다. 타이완 작가 천쉐의 말이다.* "두 번째까지는 쉽지. 중요한 건 그다음이야." 두 번째 소설을 막 끝낸 동료에게 리처드 브라우티건이 그랬단다.** 몰라서 그렇지, 세 권은 기본이고 네 번째부터가 진짜란 말도 있을 성싶다.

 같은 얘기다. 중요한 건 차기작이다. 오늘 책이 나왔어도 작가의 펜이 향할 곳은 내일이다. 그 내일이 오늘 될 날을 기다린다. 매일의 틈을 '씀'으로 채워 넣는다. 도래할 책에서 들려줄 노래를 고민한다. 주제는 정했는데 도입부는 아직이다. 흥얼거리며 첫 음을 잡아 본다. 첫 줄을 끄적인다.

닫는 말 아닌, 다시 여는 글이다.

고마운 이들이 많다. 책에 실리는 감사의 말을 영어로 'acknowledgements'라고 부르는데 무언가를 인식하고 받아들이는 행위란다. 성취에 대한 기여, 내 존재의 근원 모두 '무언가'에 해당된다. 그것은 이름이 불릴 때 더 이상 무언(無言)의 노래가 아니다. 그런 의미에서 나의 아버지 강창혁, 어머니 김경애에게 사랑의 헌사를 바친다. 이 책은 내가 쓰고 당신들은 나를 썼노라 속삭인다. 작가 삼촌의 따뜻한 지지자인 강민정, 조현덕, 조정훈, 조유리 가족에게 애정을 보낸다. 작업 공간을 제공하고 출출할 때라면도 끓여 준 카페 마이너스윙 윤요한 대표에게 감사를 전한다. 내 친구 박세준의 이름을 남김으로써 위로와 응원의 소줏값을 갚는다. 무엇보다 디페랑스 노승현 대표와 민이언 편집장이 아니었다면 미완의 계절은 서랍 속에 묻혔을 것이다. 내 삶과 책의 게스트들 또한 빼놓을 수 없다. 손님이자 동지, 학생인 동시에 후원자이기도 했던 그 이름을 기억한다. 뻔한 것을 경계하라지만 사랑이 뻔할 순 없는 노릇이다.

마지막까지 고민한 제목 중 하나가 '지워야 한다는 마음으로'였다. 김광석 노래 <잊어야 한다는 마음으로>에서 영감 얻었다. 가사집을 펼쳐 보자. 아는 분은 따라 불러도 좋겠다.

밤하늘에 빛나는 수많은 별들
저마다 아름답지만
내 맘속에 빛나는 별 하나
오직 너만 있을 뿐이야

창틈에 기다리던 새벽이 오면
어제보다 커진 내 방 안에
하얗게 밝아온 유리창에
썼다 지운다. 널 사랑해.

때로는 지워진 문장에 진실이 깃든다. 우리는 지우기 위해서라도 써야 한다. 당신 마음속 빛나는 별은 무엇인가. 새벽은 어떤 얼굴을 하고 오는가. 삶을 물으며 순간에 답하며 어제보다 커진 방을 채워 가기를. 수없이 묻어 둔 '사랑해'들과 끝없이 고쳐 써야 했던 'OO해'들이 어느 새벽

창틈으로 흘러 나오기를. 그런 염원으로 밤을 건넌다. 우리가 함께 써 갈 이 세상에서.

* 천쉐, 조은 옮김, 『오직 쓰기 위하여』(글항아리, 2024)
** 박솔뫼, '서로 몰랐던 사람들과 엉겨 붙는다', 「릿터」 제34호, 2022.02.

내가 쓰이지 않은 세상에서
소설가를 꿈꾸는 어느 작가의 고백

글 강주원
발행일 2025년 7월 30일 초판 1쇄

발행처 디페랑스
발행인 노승현
책임편집 민이언
출판등록 제2011-08호(2011년 1월 20일)
주소 서울특별시 마포구 양화로81 320호
전화 02-868-4979 팩스 : 02-868-4978

이메일 davanbook@naver.com
인스타그램 @davanbook

ⓒ 2025, 강주원

ISBN 979-11-94267-36-2 03800

* 「디페랑스」는 「다반」의 인문, 예술 출판 브랜드입니다.